Hektor Sprecher von Bernegg

Die Verteilung der bodenständigen Bevölkerung im Rheinischen Deutschland im Jahre 1820

Ein Beitrag zur Methodik der Dichtigkeitskarten und zur Anthropogeographie des südwestlichen und westlichen Deutschland

Hektor Sprecher von Bernegg

Die Verteilung der bodenständigen Bevölkerung im Rheinischen Deutschland im Jahre 1820
Ein Beitrag zur Methodik der Dichtigkeitskarten und zur Anthropogeographie des südwestlichen und westlichen Deutschland

ISBN/EAN: 9783743328082

Hergestellt in Europa, USA, Kanada, Australien, Japan

Cover: Foto ©Thomas Meinert / pixelio.de

Manufactured and distributed by brebook publishing software (www.brebook.com)

Hektor Sprecher von Bernegg

Die Verteilung der bodenständigen Bevölkerung im Rheinischen Deutschland im Jahre 1820

Die
Verteilung der bodenständigen Bevölkerung
im
Rheinischen Deutschland
im Jahre 1820.

Ein Beitrag zur Methodik der Dichtigkeitskarten und zur Anthropogeographie des südwestlichen und westlichen Deutschland.

Karte, im Masstab 1:1.000.000, und Text.

Inaugural-Dissertation
zur
Erlangung der philosophischen Doctorwürde
an der
Georg-Augusts-Universität zu Göttingen
von
Hektor Sprecher v. Bernegg
aus Graubünden.

Göttingen,
Druck der Univ.-Buchdruckerei von E. A. Huth.
1887.

Inhalt.

Allgemeiner Teil.

	Seite
I. **Kapitel.** Ueber kartographische Darstellung der Bevölkerungsdichtigkeit im Allgemeinen	3—7
1. Rückblick auf die Entwicklung derselben	3
2. Dichtigkeitskarten grösseren Masstabes zielen auf Fixirung der bodenständigen Bevölkerung ab	5
II. **Kapitel.** Zweck der vorliegenden Karte	7—10
3. Gründe für die Wahl des „Rheinischen Deutschland"	7
4. Rechtfertigung der Wahl des Jahres 1820 als Normaljahr . . .	7
5. Das statistische und topographische Quellenmaterial	9
III. **Kapitel.** Die beim Zeichnen der Karte befolgte Methode	11—13
6. Die Ausnuzung der topographischen Karte	11
7. Kurvenzeichnung und Bestimmung der Dichtigkeitsgrade . . .	12
8. Eliminirung der grösseren Ortschaften	13
IV. **Kapitel.** Zweck und Anordnung des speziellen Teils . .	13—21
9. Der spezielle Teil ist ein Text zur Karte	13
10. Anordnung der Darstellung	14
a. nach fünf Dichtigkeitsgruppen	15
Erläuterung: Wahl der Grenzen für die in Gruppen zu vereinigenden Dichtigkeitsgrade	15
b. nach den die Dichtigkeit hauptsächlich bedingenden Faktoren	16
Erläuterung: Die „Faktoren der Bevölkerungsdichtigkeit im Allgemeinen	16

Spezieller Teil.

	Seite
I. **Kapitel.** Unbewohnte und ganz schwach bevölkerte Gebiete (Dichtigkeit unter 20)	25—27
II. **Kapitel.** Schwach bevölkerte Gebiete (20—60)	27—51
1. Klima	28
2. Boden	31
3. Pflanzendecke	33
4. Landwirtschaft	38
5. Industrie	46

	Seite
III. Kapitel. Mittelstark bevölkerte Gebiete (60—100) . . .	51—67
1. Klima	51
2. Boden	52
3. Pflanzendecke	54
4. Landwirtschaft	57
5. Industrie	63
IV. Kapitel. Stark bevölkerte Gebiete (100—160)	67—80
1. Klima	68
2. Boden	69
3. Pflanzendecke	72
4. Landwirtschaft	73
5. Industrie	78
V. Kapitel. Sehr stark bevölkerte Gebiete (160— über 200) .	80—98
1. Klima	82
2. Boden	83
3. Pflanzendecke	86
4. Landwirtschaft	87
5. Industrie	95

Bemerkenswerte Druckfehler.

Seite 3 Zeile 12 v. unten lies Zeichnen statt Zeichen.
„ 25 Anm. 2 lies Baden statt Bden.
„ 36 Anmerkungen unterste Zeile lies 1818: 35, 1880: 39 statt 1880: 35, 1818: 39.
„ 61 Anmerkungen, Zeile 2 v. unt. lies 77 Acker statt 79.
„ 66 Zeile 15 v. unten lies Stiring-Wendel statt Störing-W.
„ 80 muss hinter dem Titel „Sehr stark bevölkerte Gebiete" ergänzt werden 160— über 200.
„ 93 Anmerkungen Zeile 3 v. oben lies Haardt statt Hardt.

I.

1. Die bisher veröffentlichten Karten der Bevölkerungsdichtigkeit scheiden sich bekanntlich in zwei Klassen, nämlich einerseits solche, welche im Wesentlichen nur gemalte Tabellen sind, indem sie einfach die Dichtigkeitszahlen politischer Bezirke durch verschieden schattirte Farbentöne zur Anschauung bringen, andererseits dagegen solche, deren die Dichtigkeitsgebiete trennendes Kurvensystem sich nicht an Verwaltungsgrenzen bindet, sondern den natürlichen Verhältnissen gerecht zu werden sucht. Die Herstellung Ersterer ist eine mehr oder weniger mechanische, wenn auch die Wahl der Abstufungen der Ueberlegung bedarf. Sie werden stets dem Statistiker gute Dienste leisten, wie jede graphische Methode richtige Erkenntnis zu vermitteln und zu fördern vermag; und fast alle statistischen Bureaus pflegen seit einem Jahrzehnt derartige kartographische Darstellungen, welche man als Kartogramme den sogleich zu beschreibenden gegenüberstellen sollte, ihren Publicationen beizufügen. Dem Geographen aber genügen sie nicht [1]).

Indem man nun die für möglichst kleine Verwaltungsbezirke ausgerechneten und auf die Karte aufgetragenen Dichtigkeitsziffern nur als Handhabe benutzte, um darnach erst, durch das Zeichen der Kurven, sich von den — physische Verhältnisse in der Regel ja durchaus unberücksichtigt lassenden — administrativen Grenzen loszusagen, bestrebte man sich, die wirkliche geographische Verteilung der Bevölkerung — je nach der Grösse des Massstabes mit entsprechender Generalisirung — wiederzugeben. Es ist bekannt, welche Anregung in dieser Hinsicht die Dichtigkeitskarten für die gesammte Erde und für Europa in Behm und Wagner's „Bevölkerung der Erde" (II, 1874 [2]), denen sich alsbald diejenige für Deutschland [3]) zugesellte, gegeben haben, wenn auch die hier befolgte Methode schon 1857 durch Ravn [4]) zur Anwendung gekommen war.

Es interessirt uns hier weniger, auszuführen, für welche Gebiete der Erde heute ähnliche Bearbeitungen vorliegen, als zu konstatiren,

---

[1]) Vrgl. über diese Fragen Mayr, Gutachten über die Anwendung d. graph. u. geograph. Methode in d. Statistik. 1874; Ders., Zur Verständigung über d. Anwendung d. „geograph. Methode" in d. Statistik. Zft. d. k. bay. stat. Bureaus 1871, 179—182.
[2]) Aeq. Massstab 1 : 80.000.000, bzw. M. 1 : 11.000.000.
[3]) Petermann's Mittheilungen XX, 1874. M. 1 : 8.700.000.
[4]) Statistisk Tabelvaerck. N. Reihe, Bd. XII. M. 1 : 2.000.000.

dass die Methode kartographischer Darstellung mittelst Linien gleicher Bevölkerungsdichte, wie sie Behm so ansprechend darstellt, weiterer Ausbildung fähig ist und teilweise eine solche schon gefunden hat.

Das ergiebt sich sofort aus einer Vergleichung der von Hanemann unter Behm's Leitung hergestellten Karte von Deutschland[1]) und einem grossen Teil der Nachbarländer mit der gleichen Zielen nachstrebenden von Kettler[2]) (1878), welche sich auf den Umfang des Deutschen Reiches beschränkt.

Der Massstab beider Karten differirt nur wenig; trotzdem ist bei Kettler das Bestreben ersichtlich, mehr in's Detail zu gehen, der wirklichen Verteilung der Bevölkerung energischer nachzuspüren. Während nämlich Hanemann wol an den Abhängen der Gebirge stehen bleibt und seine Kurve geradlinig dem Rande entlang zieht, wie z. B. im Elsass, wo er die Vogesentäler mit den einschliessenden Höhen unter einem einheitlichen Farbenton zusammenfasst, dringt Kettler strenger sichtend in die dichtbevölkerten unteren Täler ein und weist den waldigen Höhen den ihnen zukommenden geringen Grad von Dichtigkeit an, indess jene in die Kurve der Löss- und Diluviallandschaften einbezogen werden.

Charakteristisch ist überdiess, dass Hanemann vor scharfen Uebergängen zurückschreckt und in der Regel zwischen Gebiete sehr dichter und sehr dünner Bevölkerung vermittelnde Kurven hineinschiebt, auch wo der Uebergang in Wirklichkeit sehr schroff ist, wie z. B. in der Marsch- und Geestlandschaft, am piemontesischen Alpenrand, an der Schwäbischen Albtraufe u. s. w. Auch hierbei verfährt Kettler realistischer: in den nördlichen Vogesen, am Harz, in der Rheinebene stossen die Farben geringster und stärkster Bevölkerung unvermittelt an einander.

Kettler, so können wir den Schluss ziehen, tut somit, auf der Grundlage der Hanemann'schen Kurvenzeichnung stehend, einen Schritt weiter in der Richtung grösserer Naturwahrheit. Denn offenbar kommt Kettler in dem oben angeführten Beispiel der Vogesentäler den tatsächlichen Verhältnissen näher als seine Vorgänger; Letztere verallgemeinern da schon, wo Jener das Eingehen in's Einzelne — und mit Recht — noch für angängig hält.

Es unterliegt nun keinem Zweifel, dass eine nochmalige Bearbeitung desselben Gegenstandes, sei es mit Benuzung der von Behm und Kettler zu Grunde gelegten Bevölkerungszahlen, sei es an der Hand neuerer Zählungsergebnisse, zeigen würde, wie mannigfacher Berichtigungen die früheren Darstellungen im Einzelnen noch fähig sind; aber neue Ergebnisse von grösserem Interesse und allgemeinerer Bedeutung sind doch erst von einem Uebergang zu einem wesentlich grösseren Massstabe der kartographischen Unterlage zu erwarten.

Halten wir uns, um Dies durch ein leicht verständliches Beispiel zu erläutern, an das mehrerwähnte Gebiet der Vogesen. Wer je mit der Eisenbahn durch den Elsass[3]) gefahren ist, wird bemerkt haben,

---

[1]) Petermann's Mittheilungen XX, 1874. M. 1:3.700.000.
[2]) Andree u. Peschel, Physikal.-statist. Atlas d. Dt. Reichs. Taf. 15, m. Text. M. 1:3.000.000.
[3]) Vgl. Description du départ. du Bas-Rhin, publ. sous les auspices de M. Migneret, préfet. 4 Bde (unvollendet). 1858—71. IV, 1 ff.

dass, wo an dem Rande des Gebirges ein Wulst von Hügeln den schroffen Abfall zur Ebene verdeckt, ein dichter Ring von Dörfern und kleinen Städten liegt, in Obstwäldern verborgen, und durch ununterbrochene Rebengelände verbunden. Die Intensität der Kultur, ab und zu in Verbindung mit der Wasserkraft der aus dem Gebirge hervorströmenden Bäche, gewährt hier Raum für eine äusserst dichte Bevölkerung. Weiter gegen die Ebene folgt ein breiter Strich prächtigen, aber stark parzellirten Ackerlandes (Lössboden), in welchem meist die Bahn hinzieht, und endlich jenseits der Ill im Niveau des Rheins teils Acker-, teils Wiesenboden mit grösseren Bauerngütern. Ohne Zweifel wäre es der Wirklichkeit entsprechend, alle diese Gebiete sammt den Vogesentälern durch Kurven auseinanderzuhalten, ihre verschiedene Dichtigkeit wie auch die dieselbe bedingenden charakteristischen Arten der Bodenbenuzung hervortreten zu lassen.

2. Auf den ersten Blick erscheint die hier angedeutete Aufgabe eine einfache, welche sich durch Vermehrung der bisher zur Darstellung gebrachten Dichtigkeitsunterschiede — Behm und Kettler nehmen je neun an — erreichen liesse. Das ist indessen ein Irrtum, wie man bei einem Versuche sehr bald gewahr wird, während man sich überzeugt, dass, je grösser der Massstab einer Karte, je detaillirter also das Kartenbild zu werden verspricht, man sich um so mehr von der Darstellung der Gesammtbevölkerung eines grösseren Landstrichs entfernt. Mit anderen Worten müssen Dichtigkeitskarten grösseren Massstabes nach wesentlich anderen Prinzipien gezeichnet werden, als solche von mittlerem und kleinem Massstab. Indem nämlich bei grösser gewähltem Massstabe die mit Einem Farbenton überdeckten Gebiete naturgemäss immer kleiner werden, werden sie zugleich auch homogener: die Möglichkeit wächst, wirklich nur Landstriche gleicher Dichtigkeit mit einer gemeinsamen Kurve zu umziehen, nicht Gleichartiges aber anderen Kurven zuzuweisen. So hört der betreffende Dichtigkeitsgrad mehr und mehr auf, ein blosser Mittelwert zu sein, er wird immer mehr typisch für die Gegend, bezeichnend für ihren Charakter.

Damit ist aber zugleich ausgesprochen, dass wir uns mit der Vergrösserung des Kartenmassstabes der alleinigen Berücksichtigung jenes Bruchteils der Bewohnerschaft eines Landes immer mehr nähern, welcher in seinen gesammten Ernährungs- und Erwerbsverhältnissen grösserer Abhängigkeit vom Boden unterworfen ist und daher als **bodenständig** bezeichnet werden kann. Umgekehrt wird durch diesen Uebergang die immer stärkere Ausscheidung des städtischen Elements innerhalb der Gesammtbevölkerung bedingt, so dass man schliesslich fast berechtigt sein könnte, eine Scala aufzustellen, in welcher die Grösse der ausser Betracht fallenden städtischen Ortschaften im umgekehrten Verhältniss zum Kartenmassstab steht.

Es ist dies kein neuer methodischer Gedanke, wenn er auch bisher vielleicht nicht generell, sondern immer nur mit Beziehung auf den speziellen Fall ausgesprochen worden ist. Nichtsdestoweniger muss er in seiner prinzipiellen Bedeutung an die Spize unserer Betrachtungen gestellt werden, nicht nur, damit uns der Vorwurf der willkürlichen und damit unwissenschaftlichen Ausscheidung erspart bleibt, sondern um die Erkenntnis verbreiten zu helfen, dass auf Karten der Bevölkerungsdichtigkeit recht verschiedenartige Elemente der Bevölkerung zur Darstellung gebracht werden.

In der Tat kann man die Gesammtbevölkerung der Staaten und Länder nur auf Uebersichtskarten der gesammten Erde berücksichtigen, da es für solche sich nur darum handeln kann, die grossen Bevölkerungsanhäufungen Mitteleuropas, Chinas und Indiens jenen schwach bevölkerten Gegenden anderer Erdstriche gegenüberzustellen. Wo eine Landschaft von einigen hundert Millionen Bewohnern auf der Karte eine Fläche von wenigen Quadratzentimetern angewiesen erhält, da verschlägt die Ausmerzung selbst der allergrössten Städte Nichts. Dagegen sehen sich Behm und Hanemann (Deutschland und Nachbargebiet), Kettler (Deutschland), H. Wagner[1]) aus guten Gründen veranlasst, alle Orte von über 50.000 Einwohnern unberücksichtigt zu lassen, so dass beispielsweise Kettler auf seiner Karte des Deutschen Reiches nicht die Verteilung von 41 Millionen (1871), sondern von kaum mehr als 37 Millionen zur Darstellung bringt.

Wie wenig übrigens bis jezt diese Ausscheidungen nach einem durch den Kartenmassstab oder durch den bereits erreichten Grad mittlerer Dichtigkeit geregelten Prinzip erfolgen, ersieht man, um nur ein Beispiel zu nennen, aus Chavanne's Karte[2]) der Bevölkerungsdichtigkeit von Frankreich (1881): denn troz des kleinen Massstabes von 1 : 5.000.000 eliminirt er vor der Kurvenzeichnung alle Orte von mehr als 5000 Einwohnern.

Viel gerechtfertigter, ja notwendig erscheint solche Ausscheidung auf den ersten Blick für Karten grösseren Massstabes, wie die vorliegende. Was hätte das für einen Effekt, wenn wir die Bevölkerung von Wesel über das längs der Lippe sich hinziehende Uferland ausbreiten wollten? Offenbar würde das Land einen gänzlich verkehrten Dichtigkeitsgrad erhalten, der Charakter desselben würde vollständig entstellt, die wirklichen Fruchtbarkeits- und Anbauverhältnisse würden geradezu unkenntlich werden. Das Einbeziehen grösserer Ortschaften in die Abschnitte des platten Landes, zu denen sie geographisch vielleicht gehören, verbietet sich aus diesem Grunde also schon von selbst. Klar hat diesen Gedanken bereits Ravn im Jahre 1857 ausgesprochen[3]), der alle Städte und Flecken ausser Betracht liess, so dass seine Karten ausschliesslich die Verteilung der ländlichen Bevölkerung wiedergeben.

Ebenso geht aus diesen Betrachtungen hervor, dass man mit den Karten verschiedenen Massstabes ganz verschiedene Zwecke verbindet. Man möchte sagen, mit der Vergrösserung desselben tritt der geographische Gesichtspunkt, welcher die Abhängigkeit des Menschen vom Boden, den er bewohnt, erläutern will, in den Vordergrund, und es wird uns ermöglicht, dem Prinzip der Bodenständigkeit des grössten Teils der

---

[1]) Bev. Dicht. v. Britisch Indien, auf Grund d. gr. Volkszählung v. 1869—72. Die Bevölkerung der Erde IV, 1878. 1 : 7.500.000.
[2]) Die Vertheilung u. Bewegung d. Bevölk. Frankreichs in ihren Wechselbeziehungen z. Boden d. Landes. Dte. Rundschau f. Geogr. u. Stat. V, 1883, Hft. 11.
[3]) s. oben S. 3, Anm. 4.

Bewohner der Erde mit weit grösserer Aussicht auf Erfolg nachzuspüren, mit mehr Genuss, als wenn wir uns, wie so oft in der geographischen Literatur, mit grossen Allgemeinheiten begnügen müssen.

II.

3. Spezialuntersuchungen in besagter Richtung liegen zur Zeit nur von wenigen Landschaften Deutschlands oder anderer Länder vor, und wenn sie von einzelnen Handbüchern der geographisch-statistischen Landeskunde in die Hand genommen sind, so schliessen Karten und Text mit den politischen Landesgrenzen ab, ein Verfahren, welches die geographische Betrachtung vielfach zerreisst. Bei der Wahl des Gegenstandes für die vorliegende Untersuchung habe ich mich dagegen an eines jener grösseren Gebiete gehalten, die auf einer Bevölkerungskarte Deutschlands sofort als eine der grossen einheitlichen Bevölkerungskomplexe Mitteleuropas in die Augen springen, das **Rheinische Deutschland**.

Verschiedene Gründe waren hierfür massgebend.

Zunächst liess die mannigfache Bodengestaltung, welche Mittelgebirge, Hochebenen, Tieflandsstreifen, breite Talflächen und engere Gebirgstäler in sich schliesst und dadurch, bei allgemeiner klimatischer Begünstigung, doch auch nach dieser Richtung eine starke Differenzirung des Klimas bedingt, ferner die Mannigfaltigkeit der oberflächlichen Bedeckung des Bodens, der Reichtum einzelner Gegenden an Mineralschäzen u. s. w. erwarten, dass sich hier im Einzelnen schärfere Gegensäze der Bevölkerungsdichtigkeit ergeben würden, als in anderen Gegenden Mitteleuropas, wo die gleichen Naturformen des Bodenreliefs und der Bedeckung gleichmässig über weite Landstriche sich hinziehen.

Sodann gehört der Südwesten und Westen zu den mit am Längsten besiedelten und kultivirten Gebieten Deutschlands und zeigt daher hinsichtlich seiner Bevölkerungsdichtigkeit, abgesehen von rein industriellen Gebieten, stationärere Verhältnisse, als die östlichen Landschaften, in denen noch ausgedehntere Kolonisationsgebiete offen stehen.

Zu diesen inneren Gründen, welche im Folgenden noch näher zu erläutern sein werden, treten eine Reihe äusserer, um die Aussichten für eine einigermassen befriedigende Lösung der Aufgabe zu erhöhen. Dieselben sind in dem grösseren Reichtum teils an Werken der Landeskunde zu suchen, welche insbesondere für Württemberg, Baden und einzelne Landstriche Rheinpreussens vortreffliche Vorarbeiten gewähren, teils an kartographischem und mehr noch statistischem Material älteren Datums, dessen Vorhandensein für unsere Betrachtung Bedingung ist.

4. Dieser leztere Punkt bedarf sofort der Erläuterung, und hier ist der Plaz für die Begründung der **Wahl des Jahres**, welches der gesammten Arbeit zu Grunde gelegt ist.

Die Verteilung der bodenständigen Bevölkerung des Rheinischen Deutschland soll kartographisch fixirt, und im Text soll nach den Gründen dieser Verteilung geforscht werden. Nun wirkt aber das Zeitalter der

Eisenbahnen in vielfacher Hinsicht nivellirend. Auch auf die Bevölkerung und ihre Abhängigkeit vom Boden. Grosse Kapitalien werden im Boden festgelegt und helfen denselben ertragbarer machen; mit Hilfe vervollkommneter Geräte wird eine Steigerung des Rohertrags erzielt, ohne dass die menschliche Arbeit in stärkerem Grade herangezogen wird. Zahlreiche Hände werden dadurch für die auf Absaz produzirenden Gewerbe verfügbar; die räumliche Arbeitsteilung treibt die altzivilisirten Länder immer mehr zur Industrie hin. Städte und Industriegebiete wachsen auf Kosten der landwirtschaftlichen Bevölkerung, die bodenständige Bevölkerung vermindert sich verhältnissmässig. Für uns bedeutet Das die immer grösser werdende Schwierigkeit der Herstellung einer Dichtigkeitskarte in unserem Sinne. Und nicht nur schwieriger, auch undankbarer wird die Aufgabe, je näher wir der Gegenwart kommen. Denn nach den oben dargelegten Grundsäzen wird es notwendig, immer mehr Städte von dem Kurvensystem auszuschliessen, da bekanntlich die Zahl der die festzusezende Maximalgrenze von Bewohnern überschreitenden Orte fortwährend wächst, wenn nicht abnorme Krisen das Gegenteil bewirken. So wird derjenige Teil der Bevölkerung, welcher kartographisch behandelt werden kann, von einem Zählungsjahre zum anderen kleiner und kleiner, und entfernt sich immer mehr von der Gesammtbevölkerung. Dieser Umstand war für mich bestimmend bei der Wahl des Jahres. Denn was ich eben von der Undankbarkeit einer Bearbeitung auf Grund einer der Gegenwart entnommenen Volkszählung sagte, das spricht umgekehrt für einen möglichst entlegenen Zeitpunkt: je weiter zurück, um so grösser ist die Aussicht, die gesammte Bevölkerung in die Behandlung hereinzuziehen.

Die Grenze ist natürlich durch das Vorhandensein einer einigermassen zuverlässigen und vollständigen, zugleich in den Details veröffentlichten Volkszählung bestimmt. Dieser muss ein ebenbürtiges Kartenmaterial zur Seite stehen. Das erste dieser Erfordernisse scheidet den Weg der hier befolgten Methode völlig von dem, welchen die Siedelungslehre bei der Verfolgung ähnlicher Aufgaben anwendet, indem sie sich zugleich auf die historische Lokalforschung stüzt und nach der geschichtlichen Seite gravitirt. Ebenso scharf nehme ich Stellung gegen die Lösung der gestellten Aufgabe auf rein statistischem Wege, welche natürlich an sich Berechtigung genug hat, namentlich da, wo die aus früheren Jahrzehnten stammenden topographischen Karten den inzwischen stark veränderten Anbauverhältnissen gegenüber veraltet erscheinen. Aber alles statistische Material ist für mich nur erstes Mittel zum Zweck der Herstellung der anthropogeographischen Karte; ganz ähnlich wie Sievers[1] die Ergebnisse der Konfessionszählungen benuzte, um die Abhängigkeit der heutigen räumlichen Verteilung der Konfessionen von den ehemaligen Territorialgrenzen zu untersuchen. Das statistische Material kann daher nicht entbehrt werden, während es im Grunde für diesen geographischen Zweck gleichgiltig ist, ob dasselbe genau demselben Jahr entspricht und nach gleicher Methode gewonnen ward, kurz

---

[1] Ueber die Abhängigkeit der jetz. Confessionsverteilung in Südwestdeutschland v. d. früheren Territorialgrenzen (m. Karte, 1 : 700.000). Diss. Gött. 1889.

die Anforderungen befriedigt, welche bevölkerungsstatistische Arbeiten an dasselbe stellen.

Alle diese Erwägungen haben mich auf die Zeit nach den Freiheitskriegen zurückgeführt und spezieller etwa auf das Jahr 1820 als dasjenige, für welches die Karte die Verteilung der Bevölkerung zur Anschauung bringen soll. Ohne Bedenken kann man annehmen, dass die meisten topographischen Kartenwerke Süd- und Westdeutschlands, welche abgeschlossen seit mehreren Jahrzehnten vor uns liegen, etwa dem Stande des Anbaus am Ende des ersten Viertels dieses Jahrhunderts entsprechen; denn die meisten Aufnahmen datiren aus Jahren, in denen Eisenbahnen noch unbekannt waren, und jene rapide Entwicklung der Kohlenindustriebezirke noch nicht begonnen hatte.

5. Das benuzte Urmaterial mag hier kurz zusammengestellt werden. Was die spezielle Begrenzung des Gebietes betrifft, so schien es um so mehr angebracht, nicht über die heutigen Grenzen des Deutschen Reiches hinauszugehen, als durch das Hereinziehen schweizerischer und niederländischer Landschaften fremde Elemente hinzugetreten wären, welche insbesondere die übersichtliche Gliederung des Textes erschwert hätten, ganz abgesehen von der Ungleichartigkeit und schwierigen Beschaffung (Sprache!) des Materials. Dagegen durfte selbstverständlich der Elsass, als Bestandteil der oberrheinischen Tiefebene, nicht fehlen, während die Ausdehnung auf die lothringische Grenzlandschaft und auf Oberschwaben für Karte und Text neue, dankbare Gesichtspunkte eröffnete, ohne den Stoff unnötig zu kompliziren. Rein äusserliche Gründe, Rücksichten auf einen handlichen Umfang der Karte empfahlen schliesslich den Verzicht auf die Behandlung Mainfrankens, welches ja überdiess durch die waldigen Gebiete des Spessarts und Odenwalds von dem rheinischen Bevölkerungszentrum abgeschnürt ist.

a) Bevölkerungsstatistisches Material.

Den fast überall auf Zählungen beruhenden Bevölkerungsziffern der Verwaltungsbezirke liegen teils der Schluss des Jahres 1820 (welches als Normaljahr angenommen ist), teils die nächstvorangehenden und nächstfolgenden Jahre zu Grunde. Wo die Tabellen sich auf eine mehr als zwei Jahre von dem Normaltermin entfernte Aufnahme beziehen, da wurden die Zahlen reduzirt. Der Umstand, dass fast alle Aufnahmen sich auf die ortsangehörige (anstatt der ortsanwesenden oder der am Orte wohnenden) Bevölkerung beschränken, hat bei der Sesshaftigkeit derselben in der damaligen Zeit keine Bedeutung. Eher könnte die Unvollständigkeit der erst kurz vorher in Angriff genommenen Zählungen das Resultat beeinflussen, aber doch wol in allen Staaten gleichmässig [1]). — Wo Veränderungen in der Abgrenzung der Verwaltungsbezirke vorkommen (besonders bei Baden und Grossherzogtum Hessen), da sind sorgfältige Korrekturen ausgeführt worden. Wenn nötig, wurden dabei die Verhältnisszahlen benachbarter, ähnlich veranlagter Bezirke zu Rate gezogen, so dass eine irgend erhebliche Abweichung von der wirklichen Verteilung der Bevölkerung aus diesem Grunde nirgends möglich ist. — Ich füge bei der Aufzählung der die grundlegenden Ziffern liefernden Quellen jeweilen die Verwaltungsbezirke bei, auf welche sich jene beziehen, sowie das Jahr der Aufnahme.

---

[1]) Vgl. über Zähll.: Die Volkszahl d. Dt. Staaten n. d. Zähll. seit 1816, in: Monatshefte z. Stat. d. Dt. Reichs f. d. J. 1879, Juliheft, S. 1—84.

Württemberg. Württ. Jahrbücher 1822, 92—93. Oberämter, 1821.
Hohenzollern. Gaspari u. And., Vollständ. Handb. d. neuesten Erdbeschreibung. 1. Abth., Bd. V: Hassel, Das fürstl. u. republik. Dtd. 1819; Johler, Gesch., Landes- u. Ortskunde d. souver. dt. Fürstenthümer Hohenzollern-Hechingen u. Hohenzollern-Sigmaringen. 1824. Oberämter, Bundesmatrikel.
Baden. Demian, Geogr. u. Stat. d. GHths. Baden. 1820. Bezirksämter, 1818. Nach offiz. Quellen. Die — wenigstens die erreichbaren — amtl. Veröffentlichungen gehen nicht soweit zurück.
GHt. Hessen. Beiträge z. Stat. d. GHths. Hessen III (1864), 86. Kreise, 1816.
KFt. Hessen. Landau, Beschreib. d. KFths. Hessen. 1842. Kreise, 1840. Offizielle Veröffentlichungen u. solche aus früheren Zeiten waren nicht beizubringen.
Freie Stadt Frankfurt. Beiträge z. Stat. d. freien Stadt Frankfurt I, Heft 1 (1858), 4 ff. 1817 bzw. 1823.
Hessen-Homburg-Meisenheim. Neueste Länder- u. Völkerkunde. Bd. XXII (1821), 427 ff. Um 1815.
Nassau. Demian, Handb. d. Geogr. u. Stat. d. Hzths. Nassau. 1823. Aemter, 1821. Nach offiziellen Quellen.
Birkenfeld (Oldenburg). Kohli, Handb. e. histor.-stat.-geogr. Beschreibung d. Hzths. Oldenburg u. s. w. 2 Bde. 1824—26. Bd. II, 2. Abth., 181—192. Aemter, 1816.
Lichtenberg (Hzt. Sachsen-Koburg-Saalfeld). Hassel V, 421. 1818.
Pfalz. Beiträge z. Stat. d. Kgrs. Bayern I (Bevölk., 1850), 6. Landkommissariate (entspr. d. Bezirksämtern d. rechtsrhein. Baiern), 1818.
Elsass-Lothringen. Elsass. Aufschlager, L'Alsace. 2 Bde. 1826. Bd. II. Kantone, 1821. Nach offiz. Quellen. — *Lothringen.* Statist. de la France. Territoire, population. 1887. Tab. Nr. 43. Arrondissements, 1821. Diese Zahlen wurden nach de Chastellux, Le territoire du dép. de la Moselle. 1860, und Joanne, Dictionn. géogr. etc. de la France. 2e éd., 1869, auf die Kantone bzw. deutschen Kreise reduzirt.
Rheinland-Westfalen. Beiträge z. Stat. d. preuss. Staates, v. d. stat. Bureau zu Berlin herausgegeben. 1821. Kreise, 1819.

b) Topographische Karten.

Württemberg. Karte v. d. Königr. Württemberg, n. d. neuen Landesvermessung im 1:50.000 Massstabe v. d. Kgl. stat.-topogr. Bureau. 1850. 62 Bl. (1829—51).
Hohenzollern. Die württ. u. die bad. Generalstabskarte.
Baden. Topogr. Atlas über d. GHth. Baden n. d. Original-Aufnahmen d. militärisch-topogr. Bureaus in 55 Blättern bearbeitet u. gestochen im Massstab v. 1:50.000 Verjüngung v. d. Kartenbureau d. grossherz. Gen.-Quartiermeisterstabes. 1838—1849.
GHt. Hessen. Karte v. d. GHth. Hessen, in d. trigonometr. Netz d. allg. Landesvermessung aufgen. v. d. grossh. Hess. Generalstabe. M. 1:50.000. Ohne Jahreszahl. (1832—50). 32 Blätter.
Kurhessen. Karte v. d. KFth. Hessen, aufgen. v. d. topogr. Bureau d. kurfürstl. Hess. Generalstabes, lithogr. in 40 Bl. n. 1:50.000 d. wirkl. Grösse. 1840—55. (Bl. 27—37).
Nassau. Karte d. Dt. Reichs. M. 1:100.000. Ebenso *Hessen-Homburg.*
Pfalz. Grosser topogr. Atlas v. Bayern. N. d. Entwurfe v. Kgl. Bayer. Gen.-Quart.-Stabe, in 1:50.000 theil. Massstabe. 1812—68. (Bl. 101—112).
Elsass-Lothringen. Carte topogr. de la France, gravée à l'échelle de 1 pour 80.000. Tome I et II. 1837. (Blatt 25—26, 36—38, 52—55, 71, 85—86, 100—101, 115).
Rheinland-Westfalen, Meisenheim, Birkenfeld, Lichtenberg. Topogr. Karte v. d. Provinz Westphalen u. d. Rheinprovinz, m. Benutzung d. Kataster-Steuervermessung v. d. topogr. Abtheilung d. Kgl. Preuss. Generalstabes herausgeg. M. 1:80.000. 1846. (Blatt 11—12, 19—23, 27—31, 34—38, 40—44, 46—70).

III.

6. Auf die beim Zeichnen der Karte befolgte **Methode**, insbesondere was deren Eigenartigkeit gegenüber dem von Ravn und Behm, sowie deren Nachfolgern eingeschlagenen Weg betrifft, muss hier noch näher eingegangen werden. Die Ravn'sche Methode kann nicht als eine geographische bezeichnet werden. Schon das Kartenbild, welches Dieselbe erzielt, macht an gewissen Stellen den Eindruck, als ob hier nach mathematischen Prinzipien vorgegangen worden sei. Ein Einsehen in den Text bestätigt Dies vollkommen: die Herstellung ist eine mechanische, und die Hilfsmittel, deren Ravn sich bedient hat, beschränken sich auf ein genaues Ortslexikon und eine Spezialkarte, von welcher lediglich die Wiedergabe der Kirchspielgrenzen verlangt wird, während die Anordnung der Wohnorte und Kulturen, das Terrainbild für die Methode der Kurvenzeichnung nicht in Betracht kommen. Die Kurvenkarte erreicht bei der grossen Menge der ausgerechneten Dichtigkeitsziffern freilich ihren Zweck vollständig; indessen kann der Methode ein geographisch-wissenschaftlicher Charakter nicht zugesprochen werden.

Behm, welchem später Kettler folgte, hat von Ravn einmal die Anregung empfangen, die Grenzen der Dichtigkeitstöne von den politischen Grenzen loszulösen, sie zu „Kurven" zu entwickeln; sodann hat er das äusserliche Prinzip der Kurvenzeichnung und der Dichtigkeitsabstufungen von Jenem entlehnt. Indem aber Behm die Wohnortssituation der „Spezial-Karte" — wol nur selten der topographischen Karte im engeren Sinne — für den Verlauf der Kurven bestimmend sein liess, hat er, als Erster, in die Methode ein geographisches Moment aufgenommen, welchem dann Kettler, der im Uebrigen durchaus auf Behm fusst, einen etwas schärferen Ausdruck gab, mit dem Erfolg sichtlich grösserer Naturwahrheit.

Noch liegt hier, wie auch für Uebersichtskarten kleineren Massstabes nicht anders sein kann, der Schwerpunkt durchaus auf der statistischen Seite, indess die geographische Karte lediglich anerkennenswerte Hilfsdienste leistet: nur in beschränktem Masse kann daher von einer wirklich geographischen Methode die Rede sein.

Anders in der vorliegenden Arbeit. Die Karte, und zwar die eigentliche topographische Karte, wird nunmehr zum grundlegenden Faktor. Freilich kann auch hier die Dichtigkeitsziffer des politischen Bezirks nicht entbehrt werden. Aber weit entfernt, unter allen Umständen den Ausgangspunkt für die Abstufungen der Farben zu bilden, liefert sie vielmehr oft nur den Massstab, um das Lesen der topographischen Karte zu erleichtern. Und hier ist es nicht etwa blos die Verteilung der Ortschaften, welche die Benuzung der Karte notwendig macht, sondern ausserdem kommt Alles, was die topographische Karte, im Gegensaz zu der Uebersichtskarte, zu bieten vermag, für die Entwerfung der Dichtigkeitskarte zur Verwendung: Grösse bzw. Häusermenge der Wohnorte, das gesammte Terrainbild, die Anordnung und Ausdehnung der „Kulturen", von Heide und Wald zum Ackerland und weiter zu Obst- und Weingärten. Man sieht, dass hier eben nur die topographische Karte, als treuestes Abbild der Natur, den Anforderungen genügen kann, welche bei dieser Methode an die geographische Karte gestellt werden; ich erinnere diesbezüglich noch einmal an die oben mitgeteilten, für die Wahl des der Dichtigkeitskarte zu Grunde liegenden Jahres massgebenden Gründe.

7. Im Einzelnen unterscheide ich zwischen dem Ziehen der Kurve und der Bestimmung des Dichtigkeitsgrades. Ist bei Behm die Zahl der Kurven durch den Unterschied der Dichtigkeitsziffern zweier benachbarter Bezirke gegeben, und nur der Verlauf derselben im Einzelnen das Resultat eines Befragens der Spezialkarte auf die Verteilung der Ortschaften, so liegt hier dem gesammten Kurvensystem ein genaues Studium der topographischen Karte zu Grunde, wobei neben der Situation der Wohnorte auch die Gestaltung des Terrains und die Art der Bodenbenuzung als ebenbürtige Faktoren zu Rate gezogen wurden. Dabei wurde, entgegen der von Behm hingeworfenen und wol kaum in ihrer ganzen Bedeutung übersehenen Regel, dass nämlich der Boden, als Erwerbsquelle, von den Wohnsizen der Erwerbenden nicht getrennt werden dürfe, auf den oft allen Terrainunterschieden spottenden Verlauf der Feldmarkgrenzen keine Rücksicht genommen, ein Verfahren, welches bei der Ausdehnung der Feldmark über weite Wälder und Heiden, sodann besonders bei dem Uebergreifen derselben aus reichbebauten Tälern auf öde Plateaus in Frage kam.

Bei der Bestimmung des Dichtigkeitsgrades gab die Dichtigkeitsziffer des Bezirks direkt die Farbe an da wo es sich um weite Gebiete von gleichmässiger Dichtigkeit handelte. In der Mehrzahl der Fälle aber, wo nämlich der Bezirk von mehreren Kurven geschnitten wird, gewährte jene Ziffer nur den ersten Anhaltspunkt, die wirkliche Dichtigkeit mit annähernder Sicherheit direkt aus der topographischen Karte herauszulesen. Hier nun tritt die Leztere in ihrer Bedeutung für unsere Zwecke scharf hervor: die Wiedergabe nicht blos etwa der Häuserreihen, sondern der einzelnen Häuser, die feine Nuancirung des Terrains und die genaue Unterscheidung der Kulturen, sie Alle tragen dazu bei, einen möglichst entsprechenden Dichtigkeitston finden zu helfen. Es versteht sich von selbst, dass, wo es anging, aus dem Ortslexikon oder der Landesbeschreibung Typen der Wohnortseinwohnerzahlen beigezogen wurden, welche auch dem schon geschärften Auge eine erwünschte Handhabe zum Abschäzen der absoluten bzw. relativen Bevölkerung eines als gleichartig erkannten Gebietes auf der topographischen Karte boten. Damit aber die hierbei nicht zu vermeidenden Fehler nach oben und unten auf möglichst enge Grenzen beschränkt würden, bildete eine Rechenprobe den Schluss, wobei die aus der Dichtigkeitskarte hervorgehende Seelenzahl des politischen Bezirks mit der wirklichen verglichen und, wenn nötig, korrigirt wurde.

Nehmen wir z. B. das Oberamt Wangen im Algäu, im äussersten Südosten. Das Studium der topographischen Karte lässt es rätlich erscheinen, fünf verschiedene Dichtigkeitskurven zu unterscheiden, für welche sich bei Abschäzung der Flächen, und nach Bestimmung des Dichtigkeitsgrades für dieselben, folgende absolute Werte ergeben:

Von Osten nach Westen folgen

50 qkm	mit dem	Dichtigkeitston	0—20,	also ungefähr	10,	gibt	500	Einw.,
20 ,,	,, ,,	,,	80—100,	,, ,,	90,	,,	1800	,,
160 ,,	,, ,,	,,	40—60,	,, ,,	50,	,,	8000	,,
40 ,,	,, ,,	,,	20—40,	,, ,,	30,	,,	1200	,,
40 ,,	,, ,,	,,	60—80,	,, ,,	70,	,,	2800	,,

zusammen 310 qkm und 14.300 Einwohner. Da nun die wirklichen Ziffern 360 qkm und 18.000 Einw. sind, so ist Areal sowol als Dichtigkeit zu niedrig geschäzt. Ein erneutes Zurateziehen der topographischen Karte bestimmt mich indes, den Verlauf der Kurven, bis auf einige unbedeutende Aenderungen im Südwesten, sowie die angenommenen Dichtigkeitstöne beizubehalten, so dass zur Korrektur nur eine verbesserte Abschäzung der Flächen übrig bleibt. Es ergeben sich nunmehr für die Dichtigkeitsstufe von

40 - 60: statt 160   190 qkm, also 9500 Einw.,
60—80:   „   40   50   „   „   3500   „

Die oben durch Rechnung gewonnene Summe von 310 qkm und 14.300 E. erhöht sich somit auf 350 qkm und 16.500 E.

Der noch verbleibende Fehler von 10 qkm und 1500 E. kann, bei der Dehnbarkeit der wirklichen Dichtigkeit innerhalb der von 20 zu 20 fortschreitenden Zonen, vernachlässigt werden, ohne dass zu besorgen ist, dass das Gesammtbild der Dichtigkeit des Bezirks und der ganzen Landschaft von der Wirklichkeit sich allzu sehr entfernt.

So ist denn hier ganz besonders ein prinzipieller methodischer Unterschied gegenüber Behm zu verzeichnen, welcher den Dichtigkeitston ja auf rein mechanischem Wege bestimmt.

8. Was schliesslich drittens die Eliminirung der grösseren Ortschaften betrifft, so war davon schon oben die Rede. An dieser Stelle bemerke ich nur noch, dass die Zahl von 5000 Einwohnern als Grenze für die bodenständige und die im engeren Sinne städtische Bevölkerung sich auch als runde Ziffer besonders empfahl. Als selbstverständlich erscheint es, dass nicht nur die betreffenden Städte selber, sondern auch die dazu gehörigen Feldmarken, für welche nach einem grösseren Durchschnitt 20 qkm sich herausstellten, weggelassen wurden.

Ich fasse kurz dahin zusammen, dass bei dieser Methode der Schwerpunkt durchaus auf geographischem Gebiete, in der topographischen Karte liegt, und dass, im Gegensaz zu Behm und seinen Nachfolgern, dem statistischen Material nur Hilfsdienste zufallen. Es liegt auf der Hand, dass damit dem individuellen Moment ein überaus breiter Spielraum gelassen ist. Um so mehr stellt sich das Kurvensystem deshalb als ein Produkt eigener Arbeit dar, um so weniger kann man der Methode den Vorwurf oberflächlichen, mechanischen Vorgehens machen, einen Vorwurf, wie er noch gegenüber Behm oft nicht ungerechtfertigt ist.

IV.

9. Was nun den **speziellen Teil** anbetrifft, so bildet derselbe nicht den Mittelpunkt der ganzen Arbeit, dem etwa die Karte zum besseren Verständnis beigegeben wäre, sondern er ist aufzufassen als ein Begleittext zur Karte. In ihm soll nämlich, auf breiter Grundlage, gleichsam die Berechtigung nachgewiesen werden, dergestalt spezialisirend vorzugehen, wie es auf der Karte geschehen ist. Ist es vom Standpunkte des Geographen aus zu verantworten, das Rheinische Deutschland auf diese Weise in Gebiete verschiedener Bevölkerungsdichtigkeit zu zerlegen? So mag ungefähr die Frage lauten, welche die Karte selber offen lässt; die

Antwort darauf soll eben der Text geben. Im Text soll die Probe geleistet werden, ob die Kalkulation mit der Kurvenzeichnung richtig war. Das ist offenbar der Fall, wenn für die Gebiete, für welche die Karte eine übereinstimmende Dichtigkeit behauptet, **gemeinsame Ursachen dieser Dichtigkeit** nachgewiesen werden können. Freilich ein mathematischer Beweis lässt sich nicht führen. Denn wir haben es ja nirgends mit absoluten Zahlen zu tun. Auf der einen Seite sind es vielmehr abgerundete Mittelwerte — die Dichtigkeitsgrade der Karte — deren Grenzen, die Dichtigkeitskurven, nur unter gewissen Umständen (Flusstäler!) mit Terraingrenzen zusammenfallen. Auf der anderen Seite haben wir mit Begriffen zu operiren — den ursächlichen Faktoren der Bevölkerungsdichtigkeit — die gleichfalls nicht scharf zu fassen sind, vielfach in einander übergehen, und sich in der Flächenerstreckung ihres Wirkungskreises nicht immer an bestimmte Linien — die Dichtigkeitskurven — binden, wenigstens kaum je in ihrer Gesammtheit. Dass freilich einzelne dieser Faktoren, wie z. B. das Vorherrschen einer gewissen Bodenart, eines gewissen Verhältnisses zwischen forstlich und landwirtschaftlich benutztem Boden, von Ackerland und Wiese, ja sogar eines gewissen, dem Obst- oder Weinbau günstigen Klimas mit dem Umfang einer Dichtigkeitskurve sich decken, das muss überall vorkommen, da sonst ein Wechsel der Dichtigkeit nicht eintreten könnte. Wie nun die verschiedenen Faktoren in einander greifen, von einander abhängen, so wird das Vorhandensein des einen (z. B. eine Meereshöhe von 500 m) in der Regel einen oder mehrere in gleichem Sinne wirkende andere im Gefolge haben.

Und um die Einheitlichkeit eines bestimmten Gebietes in Bezug auf die Bevölkerungsdichtigkeit, so wie die Karte es darstellt, sozusagen sicherzustellen, genügt es, für dasselbe eine gewisse **Einheitlichkeit der Erwerbsbedingungen** nachzuweisen. Dem geographischen Interesse liegt es dabei näher, dass man, statt mechanisch von einem Bezirk zum anderen fortzuschreiten, sich auf die ausgedehnteren, wichtigeren, auch wol interessanteren Gebiete beschränkt und hier mit Auswahl diejenigen geographischen und wirtschaftlichen Faktoren heraushebt, welche zur Charakterisirung des Erwerbslebens der diese und jene Dichtigkeitsstufe vertretenden Gegenden dienen können.

10. Ueber die **Anordnung des Stoffes** endlich entscheidet der zu verfolgende Zweck. Wenn ich als solchen bezeichnet habe die Beantwortung der Frage, ob die auf der Karte getroffene Einteilung des behandelten Gebietes in Abschnitte verschiedener Dichtigkeit vor dem Forum des Geographen zu verantworten sei, wobei die Einheitlichkeit der Erwerbsbedingungen für diese Abschnitte das Kriterium bilden muss, so ergibt sich daraus als erste Forderung die Notwendigkeit, den Text in seiner Entwicklung derjenigen der Karte folgen zu lassen. Dies bedeutet ein Fortschreiten von den schwach bevölkerten zu den stärker bevölkerten Gegenden, oder umgekehrt. Jenes progressive Fortschreiten empfiehlt sich besonders und wird für den Geographen gleichsam mundgerecht gemacht durch die Möglichkeit, gleichzeitig von den Gebirgen in die Ebenen und Täler, von der Peripherie des behandelten Gebietes allmälig gegen dessen Hauptachse vorgehen zu können, wie die Wasser-

adern, der Schwere folgend, von allen Seiten der Mitte zuströmen. Keine andere Einteilung konnte endlich wie diese dem historischen Bedürfnis Rechnung tragen, von dem Unvollkommenen auszugehen (Erwerbsbedingungen der Gebirgslandschaften) und dem Vollkommenen sich mehr und mehr zu nähern (Acker- und Weinbau der Talebenen und Täler).

a) Hier drängte sich aber die Frage auf, ob die auf der Karte getroffene Einteilung in elf Dichtigkeitsgrade beizubehalten, oder ob nicht eine Zusammenziehung von Dichtigkeitsgraden in grössere Dichtigkeitsgruppen für den speziellen Teil empfehlenswert sei, insbesondere ob eine solche sich mit dessen Bestimmung, ein Text zur Karte zu sein, vereinigen lasse. Ersteres erschien freilich strenggenommen als das Naturgemässere. Indessen, näher besehen, konnte eine so detaillirte Klassifikation dem geographischen Bedürfnis der Vergleichung so wenig Rechnung tragen, zwang eine solche die spekulirende Betrachtung so sehr in einen engen Rahmen hinein, dass die Möglichkeit konzentrirterer Behandlung des engeren Gesichtskreises für den Mangel eines weiteren Ausblicks nicht entschädigen konnte. Demgegenüber bot eine Zusammenziehung von Dichtigkeitszonen in Gruppen entschiedene Vorteile, ohne doch den Aufbau irgend zu stören. Im Gegenteil. Dadurch, dass es möglich wurde, seine Beispiele in einem weiteren Umkreise zu sammeln, infolge dessen ein reicheres Vergleichsmaterial zu schaffen, namentlich aber durch die Möglichkeit eines befriedigenderen Ausbaues der Faktorenreihe, dergestalt, dass von Gruppe zu Gruppe eine Ablösung der hauptsächlich wirkenden charakteristischen Faktoren durch andere festgestellt werden konnte, — nach allen diesen Erwägungen empfahl sich, zum Zweck einer logischeren Entwicklung des Textes, die Bildung zusammenfassender Gruppen.

Erläuterung: Für die Abgrenzung und Bezeichnung dieser Gruppen waren die Merkmale, gleichwie die Dichtigkeitsabstufungen der Karte, aus dem behandelten Gebiete selber und seiner eigenartigen Beschaffenheit zu entnehmen. Ausgegangen wurde dabei von dem Begriffe der mittleren Dichtigkeit des Rheinischen Deutschland. Als solche ergab sich für die Gesammtheit der auf der Karte behandelten Verwaltungsbezirke, mit Reduktion auf das Jahr 1820, die Ziffer 75[1]). Die beiden benachbarten Dichtigkeitsstufen der Karte, 60—80 und 80—100, welche die normal begünstigten Ebenen umfassen, wurden demnach als „mittelstark bevölkerte" Gebiete bezeichnet. Nach unten fügten sich zwanglos an als „schwach bevölkert" die beiden Zonen von 20—60, eine Dichtigkeit, welcher sämmtliche Gebirge und Hochplateaus entsprachen, wofern dieselben nicht, weil vollständig bewaldet, der untersten Stufe „unbewohnter

---

[1]) Zum Vergleich:
Deutschland in seinem heutigen Umfang 1820 49
   (Reduzirt aus 1819 und 1822, nach Monatshefte z. Stat. d.
   Dt. Reichs 1879, Juliheft, Uebersicht III)
Deutschland 1880 84
Rheinisches Deutschland 1880 122
   (Hierbei sind die auf d. Karte nur z. gröss. Teile dargestellten grösseren Verwaltungsbezirke: RB. Arnsberg, RB.
   Wiesbaden, Prov. Oberhessen, voll gerechnet)
Preussen in seinem heutigen Umfange 1820 42
Preussen 1880 78
Württemberg 1820 73
Württemberg 1880 101

und sehr schwach bevölkerter" Gebiete, 0—20, zufielen. Etwas schwieriger machte sich die Gliederung nach oben hin. Hier musste der schon weniger klare Begriff der doppelten mittleren Dichtigkeit (150) herbeigezogen werden, sollte der Einteilung auch weiter das gleiche Prinzip zu Grunde liegen. Indessen kamen die orographische Gestaltung und die wirtschaftliche Veranlagung der betreffenden Gebiete soweit entgegen, dass unten erst noch die hochbegünstigten und durch intensivsten Ackerbau ausgezeichneten Ebenen zu einer Gruppe von 100—160 Seelen auf dem qkm sich vereinigen liessen: „stark bevölkerte" Gebiete, hinter denen die weingesegneten Täler und die eigentlichen Industriebezirke, mit über 160 Einwohnern auf dem qkm, als „sehr stark bevölkerte" Gebiete die Reihe beschliessen.

b) In zweiter Linie liess der Umstand, dass nicht für alle gleich dicht bevölkerten Gebiete die Grundlagen des Erwerbslebens sich decken, dass dieselben nicht überall in gleicher Weise bemerkenswert sind, der Umstand, dass es nicht der Zweck des begleitenden Textes sein kann, für das gesammte Erwerbsleben der zu behandelnden Landstriche zu einem abschliessenden Urteil zu gelangen — es angemessen, die Uebersichtlichkeit fördernd erscheinen, innerhalb der grossen Dichtigkeitsgruppen die der Dichtigkeit zu Grunde liegenden Faktoren auseinander zu halten.

Welches die wichtigsten dieser Faktoren sind, auf denen — für unser Rheinisches Deutschland — das so manigfaltig gegliederte Gerüst der Verteilung der Bevölkerung sich aufbaut, das muss zum besseren Verständnis und zur Vermeidung von Wiederholungen vorausgeschickt werden.

Erläuterung. Die Stärke (Dichtigkeit) der Bevölkerung ist das Produkt zahlreicher, mehr oder minder kräftig wirkender Faktoren. Diese können positiver oder negativer Art sein, d. h. sie können die Volkszahl befördern, aber auch der Entwicklung derselben im Wege stehen. Ihre Wirksamkeit ist — wenn wir von den Extremen absehen, deren Vorhandensein alle anderen Faktoren illusorisch macht (z. B. vollständige Eisbedeckung, absolute Unfruchtbarkeit, Ueberschwemmungsgebiete [von Alpengewässern], ungenutzer Urwald, Bauterrain, Parks u. s. w.) — nirgends eine absolute; vielmehr wird überall der eine Faktor durch die anderen korrigirt, sei es durch Addition, sei es durch Subtraktion. Und zwar ist selbstredend nicht nur die Zahl, sondern auch die Gewichtigkeit und die Energie der in Frage kommenden Kräfte ausschlaggebend. Die Kombinationen sind deshalb so manigfaltig, dass auf eine Gruppirung derselben verzichtet werden muss.

Die einzelnen Faktoren, welche auf die Stärke der Bevölkerung einwirken, möchte ich einteilen nach einer gleichsam historischen Skala, indem ich von dem Ursprünglichen zu dem später Gewordenen vorgehe. In dieser Skala lässt sich ungezwungen eine Zweiteilung vornehmen, welche auf die eine Seite die elementaren (geographischen), auf die andere Seite diejenigen Faktoren verweist, bei welchen die menschliche Tätigkeit sich die Naturkräfte und -stoffe dienstbar macht (wirtschaftliche Faktoren). Dazwischen liegen Uebergangsstadien, charakterisirt durch ein den menschlichen Willen mehr oder weniger leitendes Eingreifen der Natur.

Der erste Platz gebührt ohne Zweifel dem Klima. Zwar fehlen in dem engen Kreise, in welchem unser Gebiet liegt, in Mitteleuropa, Betätigungen des Luftkreises, welche ein Existiren von Organismen überhaupt unmöglich machen, fehlen auch solche, die es dem Menschen allein und den edleren Tieren und Pflanzen verbieten, oder dem zivilisirten Menschen im Gegensatz zum Nomaden oder Wilden; denn das westliche Europa ist bekanntlich ein klimatisch hochbegünstigtes Gebiet. Wenn daher klimatische Extreme hier nicht in Betracht kommen, so bleiben doch die atmosphärischen Einflüsse wichtig genug, um die erste Stelle zu beanspruchen. Das Gebiet des Rheinischen Deutschland dehnt sich zwar nur über 4$^1/_2$ Breitengrade aus, und die Erstreckung in der Richtung vom Meere weg ist zu unbedeutend, um den klimatisch günstigen Einfluss des Lezteren irgendwo wesentlich abzuschwächen; dagegen ist die vertikale Gliederung (Schwarzwald Kulminationspunkt 1500 m, Eifel mittlere Höhe 500, Alb 700 m) eine derartige, dass für weite Strecken bedeutende Abweichungen der Temperatur und der Niederschläge von den in Meereshöhe liegenden Ebenen resultiren. Insofern ist ferner noch der Einfluss des Klimas in meridionaler und vertikaler Richtung ein sehr bedeutsamer, als die Verbreitung eines Gewächses, welches kein anderes der Gedrängtheit der Bevölkerung Vorschub leistet, des Weinstocks, nach Norden wie nach oben hier ihre Grenze findet.

Sind die Erscheinungen der Atmosphäre in ihrer ursächlichen Beziehung zur Bewohnbarkeit der Erdkruste von der Einwirkung des Menschen im Allgemeinen unabhängig, so gilt dies, in etwas geringerem Masse, auch von der **festen Erdoberfläche**. Produktionskraft und nuzbare Mineralien kommen, wenn wir vom Baugrund absehen, in Frage. Das Vorhandensein gewisser **Mineralien**, heutzutage bekanntlich (Kohle, Salz, Petroleum) an mehreren Stellen der Erdober-Jahren als Magnet für die Bevölkerung wenigstens in Deutschland von geringem fläche Ursache der dichtesten Ansammlung von Menschen, war vor vierzig bis sechzig Gewicht. Zu allen Zeiten und unter allen Himmelsstrichen jedoch — wofern überhaupt die klimatischen Voraussezungen gegeben sind — hat die Produktivität der **Bodenkrume** mitgesprochen. Nicht immer und überall gleich stark und oft sogar dem tätigen Willen des Menschen sich unterordnend, als ein Element aber, welches wie kaum ein anderes durch seine qualitative Verschiedenheit und den raschen räumlichen Wechsel derselben auf den Menschen als Landwirt anregend gewirkt und die Verteilung der Bevölkerung geleitet hat.

Einerseits direkt, andererseits indirekt. Indirekt insofern, als auch die Art der Pflanzendecke die Qualität des Bodens durchblicken lässt. Denn obgleich hier, mathematisch genommen, der Mensch der Natur überlegen ist, indem er es in seiner Hand hat, die Produktionskraft des Bodens zu lenken wie und wohin es ihm passt, so dass er z. B. die Rheinebene in einen Kiefernwald verwandeln und dafür den Schwarzwald unter den Pflug nehmen könnte — so hat sich doch von jeher der Mensch wohl dabei befunden, den Naturkräften ihre eigenartige Begabung abzulauschen und dieselben nach der Richtung in Anspruch zu nehmen, wo sie sich am Vorteilhaftesten zu betätigen versprachen. Nunmehr erhält deshalb jede Pflanze denjenigen Plaz angewiesen, wo sie am Meisten zu rentiren verspricht, es erscheinen die Weizenböden[1]), Wiesenböden, Waldböden, und damit ist die Natur voll und ganz in ihre Rechte wieder eingesezt. Dazu gehört eben, dass sie, durch die verschiedene Begabung des Bodens zur Produktion gewisser Pflanzen, mehr oder weniger die Verteilung der Bevölkerung diktirt.

So ist also die Gestaltung der Pflanzendecke, auf den ersten Blick scheinbar durchaus dem Belieben des Menschen überlassen, in Wirklichkeit eine Resultante aus der Beschaffenheit der Krume und dem Bedürfnis des Menschen. Ihre ursächliche Wichtigkeit für den Grad der Dichtigkeit ist evident. Vor Allem der **Gegensaz der Waldbedeckung und der landwirtschaftlichen Benuzbarkeit**. Jene schliesst eigentlich die Bewohnbarkeit von selbst aus; denn das wenige Personal, welches aus der Pflege und der Nuzung des Waldes seinen Lebensunterhalt gewinnt, kommt, verglichen mit der Anzahl der Hände, welche auf einer gleich grossen Fläche Ackerland ihre Beschäftigung finden, kaum in Betracht, ebensowenig die paar Duzend oder Hundert Arbeiter, die im Walde des Roh- oder Brennmaterials wegen ihren Standort suchenden Industrieen, wie Sägemühlen, Glas- und Eisenhütten. Wenn daher waldige Gebiete trozdem nicht unbewohnt und sogar mitunter recht stark bewohnt erscheinen, so ist es in der Regel weniger der Wald selber, was diese Bevölkerung ernährt, sondern sind es eher die zu Acker- oder Grasland niedergelegten Rodungen. — Aehnlich wie Wald wirken Heide und Moor, deren Nuzung und Bevölkerung gewöhnlich eine sehr geringe ist; sie sind aber im Rheinischen Deutschland nur schwach vertreten.

Wie anders wiegt das der Landwirtschaft dienstbar gemachte Land in der

---

[1]) Die freien Wirtschaftssysteme, welche man dagegen anführen könnte, sind auch heutzutage noch in Mitteleuropa dem Umfange der bebauten Ländereien nach gering.

Wagschale der Volkszahl! Hier genügt vorläufig die blosse Gegenüberstellung von landwirtschaftlich benuztem und mit Wald bedecktem Areal. Wenn man bedenkt, wie ungleich mehr Hände die Bewirtschaftung eines Quadratkilometer Acker- oder Weinland in Bewegung sezt, wie viel mehr Menschen Wiese und Acker ernähren im Verhältnis zu einer gleich grossen Fläche Waldes, so wird man schon die blosse Wiedergabe des prozentualen Verhältnisses von landwirtschaftlich und von forstlich benuztem Boden für einen gegebenen Bezirk als ein wichtiges Moment bei der Erklärung der Volksdichtigkeit anerkennen.

Wenn wir im Vorigen, gleichsam aus der Vogelschau, das Land auf seine Fähigkeit hin betrachteten, Menschen zu tragen, so befragen wir jezt die **menschliche Tätigkeit** selber, soweit deren Wirksamkeit bei der Verteilung der Bevölkerung noch erkennbar ist. Ueberall erscheint freilich auch hier die Natur am Horizont.

So beim **Betrieb der Landwirtschaft**. Mit dem Boden ursächlich verwachsen, aber doch erst geworden im Laufe der Zeit durch Arbeit und Kapital, kann man die **Absazverhältnisse** für die landwirtschaftlichen Produkte anführen, die zweifellos in ihrer Wirkung oft grossartig sind und ursprünglich öde Flächen in gartenmässig bebaute, riesige Erträge liefernde umzuwandeln vermögen, wie andererseits auch wieder — wie gleich seit den Zeiten der Eisenbahnen immer seltener — gute Böden zur Viehweide oder zum Waldwuchs degradirt oder doch wenigstens ihrer Produktionskraft nicht entsprechend in Anspruch genommen werden. Die Nähe dicht bevölkerter Gegenden kann auch in anderer Hinsicht, indirekt, wirken, insofern nämlich durch das Beispiel intensiver Bewirtschaftung des Bodens, wie sie jene fast überall zeigen, der Landwirt angrenzender Striche intellektuell gehoben werden kann, auch wenn ihn nicht die Absazverhältnisse zu einsichtigerem Betriebe zwingen.

Ueberhaupt ist das **intellektuelle Moment** ein sehr wichtiges. In dieses Kapitel gehört ja auch der bekannte fehlerhaft konservative Sinn des Bauern, jener starre, kulturfeindliche falsche Egoismus, der ein gemeinsames Vorgehen zu Aller Wohle so unendlich erschwert. Und schliesslich ist im Grunde genommen auch der ganze lange Paragraph von den Beschränkungen der freien Verfügung über Grund und Boden nur ein Abschnitt jenes Kapitels vom konservativen Sinn des Landwirts, sei er nun Bauer oder nicht. Doch darüber weiter unten.

Hatten wir oben dem Faktor der Pflanzendecke die allgemeine Scheidung des Areals in landwirtschaftlich und forstlich benuztes untergeordnet, so gehört die **spezielle Gliederung des landwirtschaftlich benuzten Bodens** zum Betrieb der Landwirtschaft. Die topographischen Karten mitteleuropäischer Länder unterscheiden oder sollten unterscheiden folgende Gruppen der nicht mit Wald bestandenen Pflanzendecke: Weide, Wiese, Ackerland, Obstland, Rebland. Die Verschiedenartigkeit dieser Benuzungsarten für die Dichtigkeit der Bevölkerung bedarf wol keiner näheren Erläuterung — man halte nur das erste und das lezte Glied der Reihe einander gegenüber. Von allgemeinerer Wichtigkeit ist indessen besonders das Verhältnis von Ackerland und Wiesen. Während sich Dasselbe oft zu Gunsten des Ersteren verschiebt, dehnt sich noch öfter, aus den verschiedensten Gründen, das Grasland auf Kosten des Ackerlandes aus. Dadurch wird ein an Zahl oder Qualität hervorragender Viehstand begünstigt, und es solchen, namentlich also gebirgigen Gegenden ermöglicht, sich mittelst der wertvollen Produkte der Viehzucht die sonstigen, ihnen durch die Natur des Bodens versagten Erzeugnisse anzukaufen. Die Wiedergabe des Prozentsazes des Acker-, Wiesen- u. s. w. Areals im Verhältnis zur Gesammtfläche des landwirtschaftlich benuzten Bodens wird dergestalt ein hervorragendes Hilfsmittel zur Erklärung der Volkszahl bilden, ebenso, in zweiter Linie, die Angabe des in den meisten Fällen zur Ausdehnung des Graslandes in direktem Verhältnis stehenden Viehstandes.

Weniger wichtig ist dagegen für unsere Zwecke die Art des landwirtschaftlichen Betriebes, das **Wirtschaftssystem**, zumal nachdem wir die Faktoren der Absazgelegenheit, der Verteilung der landwirtschaftlichen Kulturen vorweggenommen haben. Der Beweis dürfte nicht schwer fallen, dass eher die Stärke der Bevölkerung das Betriebssystem beeinflusst, als dass sie von demselben abhängig ist.

Wenn wir bisher von dem Einflusse sprachen, den die menschliche Tätigkeit, speziell die des Bauern, auf die Stärke der Bevölkerung ausüben kann, so wurde dabei eine Grundbedingung als selbstverständlich angenommen, deren Notwendigkeit vor hundert Jahren noch durchaus bezweifelt wurde, auf Grund vollendeter Tatsachen und historischer Ueberlieferung: die freie Verfügbarkeit über Grund und Boden. Es ist bekannt, dass dieselbe im germanischen Mittelalter dem Lehenswesen zum Opfer fiel und erst vor einem Jahrhundert, als eines der ersten Postulate, der neuen Ordnung der Dinge, wieder diskutirbar wurde. Das junge Frankreich räumte rasch für sich und seine Schuzbefohlenen mit allen Hindernissen der freien Selbstbestimmung auf; langsamer folgten seine östlichen Nachbarn. Schritt vor Schritt musste hier teilweise dem widerstrebenden, sich geschädigt glaubenden Grundadel das Terrain abgerungen werden, und erst seit 1848 sind die lezten Zweifel an der Notwendigkeit der einschlagenden Massregeln überall geschwunden. Vor sechzig Jahren, in der Zeit, auf welche sich unsere Karte bezieht, war daher die freie Verfügung des Bauern über seinen Boden nur in einem Teil des Gebietes Tatsache, in anderen erst angebahnt. Vollständig frei in seinem Handeln war der Bauer in der linksrheinischen, seit 1794 (offiziell Lunéville 1801) französischen Hälfte unseres Gebietes. In den rechtsrheinischen Staaten jedoch fallen zwar die in den Verfassungen niedergelegten Ankündigungen, die Freiheit des Eigentums herstellen zu wollen, sowie die Herstellung der persönlichen Freiheit[1]) meist in die Zeit zwischen 1810 und 1820; die Durchführung der agrarischen Reformen dagegen liess, nicht so energisch in die Hand genommen wie jenseits des Rheins, noch Jahrzehnte lang auf sich warten [2]).

Mit der sonstigen freien Disposition über die Lehen- und vielerorts auch über die eigenen Güter war in der Regel auch das freie Recht der Teilung ausgeschlossen[3]). Es finden sich deshalb in Deutschland „seit alter Zeit nach Herkommen und Recht geschlossenen Güter sehr verbreitet". Während aber die Gebundenheit der Güter durch Lasten und Flurzwang sich bis zur Revolutionszeit erhielt, wurde vielerorts die Teilbarkeit derselben — allerdings gewöhnlich nur mit Genehmigung des Obereigentümers — schon früher gestattet[4]). Radikale Wandlung brachte aber auch hier erst die Revolution, worauf die rechtsrheinischen Regierungen[5]) schneller oder langsamer, und nicht überall im Sinne unbedingter Teilbarkeit nachfolgten.

Diese Beschränkungen nun der freien Verfügung über Grund und Boden sind von sehr wesentlichem Einfluss auf die Stärke der Bevölkerung; die Aufhebung derselben ist augenscheinlich die vornehmste Ursache der Volksvermehrung in Frankreich (und auf dem linken Rheinufer) nach der Revolution, und in Deutschland während des 19. Jahrhunderts, wenigstens der ersten Hälfte desselben [6]).

---

[1]) Aufhebung der Leibeigenschaft in der Markgrafschaft Baden 1783. Das Grossherzogtum Baden. 1885. S. 206; in Nassau 1812, Württemberg 1817, u. s. w. Handbuch d. Polit. Oekonomie. Hrsg. v. Schönberg. 2. Aufl. 3 Bde. 1885, 1886. II, 182.

[2]) In Württemberg z. B. war die Ablösung sämmtlicher Reallasten erst 1872 beendigt. Württ. Jahrbb. 1872 I, 111.

[3]) Vgl. Schönberg, Handbuch II, 211.

[4]) So nach Schönberg, Handbuch II, 212 in den „älteren Stammländern des fränkischen Rechts", also vom Niederrhein bis herauf an die alamannische Grenze — wofern nicht vom kameralistischen Staate Beschränkungen der Teilbarkeit angeordnet wurden; ferner beispielsweise in Lothringen (Huhn, Deutsch-Lothringen. 1875. 105 f.), in Altwürttemberg (Helferich in d. Zft. f. d. ges. Staatswissenschaft 1853, 183; Fallati ebendaselbst 1845, 321).

[5]) Württemberg durch die Verfassung von 1817, Württ. Jahrbb. 1819, 13 ff.; Baden durch das Landrecht von 1809 (mit Ausnahme des Hofgüterrechts des Schwarzwaldes), Schönberg, Handbuch II, 214; Das GHt. Baden 397.

[6]) So ist man wenigstens geneigt zu schliessen, wenn man sieht, wie Frankreich trotz den stürmischen Zeiten und den Kriegen mit halb Europa in der ersten Zeit nach der Revolution mit einer Unaufhaltsamkeit seine Bevölkerung wachsen

Damit ist denn auch ein weiterer Faktor gegeben, der bei der Beurteilung der verschiedenen Volksdichtigkeit in Betracht kommt; negativer Art zwar — denn die Freiheit des Besizes muss als normaler Zustand gelten — und fühlbar deswegen nur in Gegenden, deren Bevölkerung zurückgeblieben ist, aber dann oft die einzige Handhabe zur Erklärung bietend. Diese Erscheinung ist um so interessanter, als hier zum ersten und einzigen Male[1]) die vollständig freie Selbstbestimmung des Menschen, durch den Staat repräsentirt, es unternimmt, sich emanzipirend von allen durch die Natur gegebenen Verhältnissen, in den natürlichen Gang der Dinge einzugreifen, und zwar mit zweifellosem Erfolge. Denn wenn durch obrigkeitliche Massregeln der Boden verhindert wird, dasjenige Mass von Produkten zu liefern, welches seiner Leistungsfähigkeit entspreche würde, so ist damit auch den Bewohnern dieses Bodens die Möglichkeit benommen, an Zahl entsprechend anzuwachsen. Durch die Unterwerfung des linken Rheinufers unter die französische Geseszgebung einerseits, und andererseits durch das teilweise Widerstreben der Staaten am rechten Ufers, den neuen Postulaten Rechnung zu tragen, sind nun am Rhein die Gegensäze einander ganz nahegerückt, und es wird sich deshalb mehrfach Gelegenheit bieten, den Einfluss der Gebundenheit und der Ungebundenheit des Besizes auf die Stärke und das Wachstum der Bevölkerung zu konstatiren.

Aber nicht die Gesezgebung allein spricht hier wie überall das entscheidende Wort; es kommt vielmehr oft genug vor, dass früheres Recht und Sitte sich forterben, und der konservative Bauer der neuen Ordnung der Dinge gegenüber sich ablehnend verhält. So hat wie mit der gesezlichen Aufhebung der unteilbaren Hofgüter dieses Hindernis[2]) einer stärkeren Bevölkerung durchaus nicht überall beseitigt. Mochten auch zahllose Höfe binnen kurzer Zeit in zehn Teile geteilt sein, so hielten sich dafür andere, auch ohne dass das Gesez, wie es mehrfach geschah, sich dafür interessirte — es wirken vielmehr dabei lediglich Gründe der Zweckmässigkeit, unterstüzt durch einen stark entwickelten Familiensinn. Der geringe Stand und das geringe Wachstum der Bevölkerung mehrerer süddeutscher Gebiete sind nicht wol anders zu erklären als durch das Widerstreben der Grossbauern, ihre stattlichen Höfe zu teilen und dadurch Plaz für neue Menschen zu schaffen.

Die Beeinflussung der Bevölkerungsstärke durch die Industrie war vor sechzig Jahren eine nur in wenigen Gegenden des Rheinischen Deutschland wesentliche Tatsache. Denn während in unseren Tagen die Kohle die Errichtung von Fabriken an jedem Orte gestattet, ist die Grossindustrie und zum Teil auch die Hausindustrie vor dem Zeitalter des Dampfes[3]) eine bodenständige, an die Existenz sieht, wie später, auch unter dem allgemeinen Aufschwunge des 19. Jahrhunderts, nie wieder. Frankreich hatte nämlich Einwohner:

1784 24,8 Mill.
1806 29,1 „
1821 30,6 „
1866 38,1 „

so dass das jährliche Wachstum betrug (mit Berücksichtigung der territorialen Veränderungen von 1815 u. 1860):

1784—1806 0,73 %,
1806—1821 0,34 % (napoleon. Kriege!)
1821—1866 0,47 %.

[1]) Man müsste strenggenommen auch die Beschränkung des Rechts der Eheschliessung hier aufführen; aber der Einfluss dieser Massregel auf die Bewegung der Bevölkerung ist noch so wenig erwiesen, dass wir davon absehen können. Der berühmte Saz Montesquieu's: „Partout où deux personnes peuvent vivre commodément, il se fait un mariage" kann sich auf legitime wie auf illegitime Vermehrung beziehen.

[2]) Wir haben es hier selbstverständlich nur mit der rein äusserlichen Tatsache zu tun, dass unter sonst gleichen Verhältnissen beim geschlossenen Hofsystem die Bevölkerung nicht so stark anwachsen kann, wie bei unbedingter Teilbarkeit. Die soziale und volkswirtschaftliche Bedeutung der Frage geht uns dabei Nichts an.

[3]) Erste Dampfmaschine für gewerbliche Zwecke in Württemberg (in einer Baumwollspinnerei) im Jahre 1838. Württ. Jahrbb. 1839, 291.

von Wasserkräften, Rohmaterial oder Brennstoff gebundene, also räumlich beschränkte. Nicht bodenständig war der andere Teil der Hausindustrie, darunter auch diejenige Art derselben, welche als Nebenbeschäftigung, zur Ausnuzung der bei der Landwirtschaft erübrigten Arbeitszeit, insbesondere in Gebirgsgegenden betrieben wurde. Beide Arten von Industrie, die in Fabriken und die im Hause betriebene, können auf die Volksdichtigkeit von grossem Einflusse sein; denn es ist mit Hilfe derselben möglich, das Widerstreben der Natur zu überwinden, wie sich dasselbe in ungünstigem Klima und Boden, starker Bewaldung u. s. w. darstellt. Die Bevölkerung emanzipirt sich in diesem Falle durch Beschaffung anderweitiger Unterhaltsmittel von denjenigen Erwerbsquellen, welche in der Regel allein die Bewohnbarkeit eines Landstrichs bedingen, von der Fähigkeit des Bodens zur Erzeugung landwirtschaftlicher Produkte: sie korrigirt also die natürliche Volksdichtigkeit einer Gegend. Wir werden Solches an mehreren Stellen des Rheinischen Deutschland konstatiren können.

Damit hätten wir die wichtigen Faktoren alle genannt, welche einen erwähnenswerten Einfluss auf die Stärke der Bevölkerung ausüben. Bei den ergänzungsweise noch angeführten kann ein solcher nicht angenommen werden. Die Lage für Handel und Verkehr kommt im Wesentlichen nur für grössere Städte in Betracht, hat also mit der lokalen Dichtigkeit Nichts zu tun. Dass der Staat durch Gesez und Verwaltung auf die Stärke der Bevölkerung einwirken kann, haben wir oben bei der Betrachtung der Grundlasten u. s. w. gesehen; bei der Steuerpolitik könnte wol ein Wort mitsprechen, wenn wir ein schlecht regiertes Land einem Musterstaat gegenüber zu sezen hätten, nicht aber bei Staaten von wesentlich gleichen Institutionen, wie denjenigen Deutschlands. Ebensowenig kann bei der engen historisch-nationalen Begrenzung des Gebietes angenommen werden, dass die verschiedenen Ansprüche an das Leben bei gegebenen Verhältnissen hier die Zeugung eines weiteren Kindes veranlassen, dort dagegen die Lebenshaltung erhöhen. Sicherlich heben sich zum Mindesten solche Erscheinungen in ihrer Wirkung hüben und drüben auf. Am Allerwenigsten aber ist es mir möglich, aus dem Menschen selber, seiner Zeugungskraft, der Behandlung der Mütter und Säuglinge, der Sterblichkeit, mit Einem Wort, aus der Bevölkerungsstatistik irgend einen Schluss auf die Gedrängtheit der Bevölkerung zu ziehen, der nicht in wirtschaftlichen Erscheinungen wurzelte. Denn man bedenke auch hier wieder, dass das Rheinische Deutschland ein zwar staatlich, nicht aber national getrenntes Gebiet ist, ein Gebiet, dessen Bewohner zwar verschiedenen Volksstämmen angehören, aber durch die Gemeinsamkeit ihrer Schicksale, wie durch die geographische Zusammengehörigkeit doch wieder zu einem Ganzen verbunden sind.

Spezieller Teil.

I.
Unbewohnte und ganz schwach bevölkerte Gebiete
(0—20).

Der untersten Dichtigkeitsstufe gehören zumeist Waldkomplexe (auch Moore, Riede, Heiden) von grösserer Ausdehnung an, in welchen menschliche Wohnungen gar nicht oder nur in sehr geringer Zahl vorkommen. Und zwar entweder zu Dörfern [1]) vereinigt, mit einer geschlossenen Feldmark, deren Bearbeitung den Haupterwerb liefert; oder zerstreut in einzelnen Höfen, Mühlen, Köhlerhütten, Forsthäusern, Hütten- und Hammerwerken.

Die Ursache der geringen Gedrängtheit der Bevölkerung solcher Gebiete liegt in der Pflanzendecke, und ist in lezter Linie zu suchen in Verhältnissen des Klimas, des Bodens, aber auch in dem Bestreben des modernen Kulturstaates, die Waldbedeckung in gewissem Umfange dem Lande zu erhalten. Von der Intensität der Bewirtschaftung der gegebenen Pflanzendecke, von allfälliger Ausdehnung des landwirtschaftlich zu benuzenden Areals, von der Möglichkeit montaner oder industrieller Beschäftigung hängt dann der Grad der Bewohnbarkeit ab.

Nur an vereinzelten Stellen der rheinischen Gebirge ist das Klima so rauh, dass sogar der Baumwuchs fehlt oder auf das Unkraut der
1] Legföhre sich beschränkt. Solche öde Höhen, wie sie der südliche[2])
2] bzw. nördliche[3]) Schwarzwald zeigen, vermögen natürlich nicht Bewohner anzuziehen. Dagegen ist es, als primäre Ursache, auch wieder das Klima, auf dessen Rechnung die dichte Bewaldung der meisten rheinischen Gebirge zu schreiben ist, insofern als einerseits die Verkleidung der den Niederschlägen vorzugsweise ausgesezten Gebiete mittelst Schuzwaldungen notwendig erscheint, anderseits die landwirtschaftliche Bodenbenuzung in solchen Höhen gegenüber der forstlichen nur selten noch (meist in den Tälern) sich rentabel erweist.

---

[1]) In diesem Falle sind es gleichsam versprengte Dörfer, welche, rings von Wald umgeben, durch diesen von der Aussenwelt abgeschnitten sind, und in die Kurve eingezogen werden mussten.
[2]) Vgl. Das GHt. Bden 424.
[3]) Memminger, Beschreibung von Württemberg. 2. Aufl. 1823. S. 206; Beiträge z. Statistik d. inneren Verwaltung d. GHths. Baden, Heft XI, 4.

Gewöhnlich ist es aber nicht der klimatische Faktor allein, welcher die Bewaldung der Gebirge veranlasst. Ihm gesellen sich vielmehr zu die äussere Form und die innere Beschaffenheit des Bodens: steile Hänge, dünne, steinige Krume, Herrschaft der Schichtenböden (vorwiegend Sandstein: nördliche Vogesen und deren Fortsezung in der Haardt, nördlicher Schwarzwald, und Schiefer: Hohes Venn, Eifel, Hunsrück, Taunus, sämmtlich Teile des Rheinischen Schiefergebirges). [3] [4] [5. 6. 7. 8]

Auch im Niederland ist das Vorhandensein von Wald, Heide, Moor, wenn wir (Staats- und Korporationswaldungen!) die zufälligen Verhältnisse des Besizes ausser Acht lassen, auf ungünstige Natur des Bodens zurückzuführen. Dafür sprechen beispielsweise die kleinen und grossen Wälder der Rheinebene[1]) deren Untergrund Sandboden, oft sogar Flugsand bildet, die Riede Oberschwabens, die Moore und Heiden[2]) des Niederrheins. [9. 10. 11] [12. 13]

Selten aber ist die Bestockung der Waldkomplexe eine vollständige; und es ist geradezu die Ausdehnung des landwirtschaftlich zu verwertenden Bodens innerhalb derselben, welche über den Grad der Bewohnbarkeit entscheidet. Wo daher, wie im südlichen Hauptmassiv des Schwarzwalds, auf der Eifel u. s. w. das landwirtschaftliche Areal einen gewissen Prozentsaz der Gesammtfläche überschreitet, da geht auch die Dichtigkeit der Bevölkerung über die enge Grenze von 20 hinaus. Und wo andererseits — im Hagenauer Wald und in der Mülhauser Hardt, den grossen Waldoasen der Rheinebene, im Schönbuch zwischen Tübingen und Stuttgart und in den meisten kleineren Komplexen — die topographische Karte keine Lichtungen nachweist, da bleibt für menschliche Ansiedelung kein Raum. In der Mitte stehen die meisten grösseren, unter der Dichtigkeitsgrenze von 20 liegenden Waldungen, vom Taunus, dem Forst zwischen Darmstadt und Frankfurt und der Haardt mit mehreren versprengten Dorfgemarkungen bis zum nördlichen Schwarzwald mit seinen durch alle Täler verstreuten Einzelhöfen. [14] [15] [16] [17]

In welchem Grade nun die Bodenbenuzung: der Betrieb der Forsten, und eventuell des eingeschlossenen landwirtschaftlichen Areals eine Ansammlung von Bevölkerung veranlasst, lässt sich für die kleineren Waldstücke schon deshalb nicht entscheiden, weil das beschäftigte Personal in der Regel ausserhalb wohnt. Bei den grösseren, den Gebirgswäldern, kann man nur die Vermutung aussprechen, dass die Absazgelegenheit (Nähe dichtbevölkerter und holzarmer Gegenden, Vorhandensein flössbarer Bäche[3]), fahrbarer Strassen, Holzbedarf von Bergwerken und Industrie[4])), zumal bei den niedrigen Holzpreisen in der ersten Hälfte des Jahrhunderts, auf die Intensität des Forstbetriebes und so auf die Menge der Beschäftigten einen bestimmenden Einfluss geübt habe. Es

---

[1]) Vgl. Demian, Beschreibung d. GHths. Hessen. 2 Bde. 1824—25. I, 25. 40. 102; Walther, Das GHth. Hessen. 1854. S. 72; Frey, Versuch einer geographisch-hist.-statist. Beschreibung d. kgl. bay. Rheinkreises. 4 Bde. 1836—37. I, 490; Das GHt. Baden 418.
[2]) Vgl. v. Viebahn, Stat. u. Top. d. RB. Düsseldorf. 2 Thle. 1836. I, 24.
[3]) Schwarzwald; Haardt, Frey I, 375.
[4]) Im Schwarzwald. Cotta, Deutschlands Boden u. s. w. 2 Bde. 1854. I, 526.

liegt nahe, in diesem Sinne die der Rheinebene benachbarten Waldungen, und zwar hier besonders den nördlichen Schwarzwald [1]) mit seinem grossartigen Langholzhandel, für bevorzugt zu halten vor denjenigen des linksrheinischen Schiefergebirges.

Soweit neben dem forstlichen ein landwirtschaftlicher Betrieb in Frage kommt, entspricht derselbe in seinen Erträgen natürlich der Qualität des benuzten Bodens und dem Umfange des Areals. Obgleich nun z. B. in den beiden grössten Waldkomplexen, der Haardt und dem nördlichen Schwarzwald, dieses Areal neben dem forstlichen verschwindend klein ist, so darf man seine Bedeutung für die Stärke der Bevölkerung nicht unterschätzen. Denn es besteht zu einem grossen Teil aus den trefflichsten Talwiesen und mag im Uebrigen als Ackerland z. B. durch Kartoffelbau recht erhebliche Erträge liefern, da sicherlich bei der geringen Ausdehnung des landwirtschaftlichen Areals man es an sorgfältiger Bearbeitung nicht fehlen lässt — Grund genug, gerade für jene beiden Waldgebiete die Existenz eines starken Bruchteils, wenn nicht der Hälfte der Bevölkerung auf den landwirtschaftlichen Betrieb im Gegensaz zum forstlichen zurückzuführen.

Schliesslich bieten die wolfeilen Heiz- und Wasserkräfte waldiger Gebirge einen Anziehungspunkt für Industrie aller Art, vorzüglich für Mühlen, Hütten- und Hammerwerke, Glashütten. Solche Thätigkeit 18] finden wir beispielsweise im Soonwald[2]) des Hunsrückplateaus, in der Haardt[3]), in den nördlichen Vogesen[4]), hier überall freilich nur in so geringem Umfange, dass von einem Andrängen der Bevölkerung gegen die nächsthöhere Dichtigkeitszone keine Rede ist; während der Bergbau des Schwarzwalds[5]) neben dessen forstlicher und landwirtschaftlicher Ausbeutung kaum in Betracht kommen kann.

II.
Schwach bevölkerte Gebiete (20—60).

Auf unserer Karte nehmen die Gebiete mit schwacher Bevölkerung wol die Hälfte des gesammten Areals ein. Es fallen fast alle Gebirgs- und Plateaulandschaften hierher, insbesondere das ganze Rheinische Schiefergebirge mit Ausnahme des Bergischen und einiger kleineren

---
[1]) Vgl. Cotta I, 256. Aus württembergischen Forsten wurde allein auf der Kinzig jährlich f. 350—400.000 M. Holz verflösst, und noch bedeutender war die Ausfuhr auf der Murg und Nagold-Enz. Memminger 370. Dazu der ganze badische Anteil!
[2]) Hassel III, 507 f.; Becker, Die Pfalz und die Pfälzer. 1858. S. 760.
[3]) Bodmann, Annuaire statistique du départ. du Mont-Tonnerre. 1809. S. 204.
[4]) Wanderungen durch Deutsch Lothringen. 1874. S. 44 f.
[5]) Büsching, Erdbeschreibung. 7. Aufl. 1789—90. VII, 415. 598; Demian, Baden 19.

Landstriche, worunter die meisten Flusstäler; ferner Vogelsgebirge, Spessart und Odenwald, soweit dieser der Gruppe des Buntsandsteins angehört, der grösste Teil des pfälzischen Kohlengebirges und der lothringischen Stufenlandschaften, des württembergischen und badischen Franken, endlich Vogesen, Schwarzwald, die Schwäbische Alb und Oberschwaben, ohne die Flussniederungen.

Eine Bevölkerung von 20—60 auf dem qkm ist für das Rheinische Deutschland des Jahres 1820 nicht normal; es müssen deshalb besondere für die Produktion ungünstige Momente wirksam sein, um zu verhindern, dass das Verhältnis der Bewohner zur bewohnten Fläche den landesüblichen Durchschnitt erreiche, oder, was auf Dasselbe hinauskommt, die Wirkung für die Volkszahl günstiger Elemente ist nicht stark genug, den hemmenden das Gleichgewicht zu halten. Alle Kombinationen kommen vor. Denn es sind von 200 m an sämmtliche Höhenzonen bis zum Feldberg hinauf vertreten, alle möglichen klimatischen Lagen, Böden aller Art, Gebirge und Plateaus, waldige und waldarme Gebiete, und was sonst noch in Frage kommen kann. Nichts, was Allen gemeinsam wäre, oder was Alle gleichmässig entbehrten.

---

1. Wenn die Jahreswärme, als der hauptsächlichste Faktor des **Klimas**, im Allgemeinen mit zunehmender Meereshöhe abnimmt, so muss, wofern nicht andere Momente den Sachverhalt verschleiern, diese Veränderung — für unsere Breiten — in der Bevölkerungszahl zum Ausdruck gelangen. So finden wir z. B.:

	Oberämter	Dichtigkeit 1821	Ortschaften, m	
Schwäbischer Jura	Neresheim . . .	51	Neresheim	502
	Ulm (ohne Stadt) .	44	Westerstetten	541
	Münsingen . . .	32	Münsingen	706

	Bez.Amt bzw. Oberämter	Dichtigkeit 1818		
Tauberland	Tauberbischofsheim	66		
	Mergentheim . . .	61	Lauf der Tauber	
	Gerabronn . . .	53		

	Kreise	Dichtigkeit 1819		
Eifel . . .	Bitburg	37	Bitburg	335
	Daun	30	Daun	397
	Prüm	24	Prüm	423

Offenbar wäre nun die Wiedergabe von Jahres- und Monatstemperaturen ein sehr willkommenes Hilfsmittel zur Erklärung der Bevölkerungsdichtigkeit. Indessen, im Vergleich zu den ungeheuren Ansprüchen, welche man, von diesem Standpunkte aus, an die Anlage von meteorologischen Beobachtungsstationen stellen müsste, um den tausendfachen lokalen Nuancirungen des Klimas folgen zu können, gewärt auch das umfangreichste offizielle Material [1] nur eine geringe Ausbeute. Weil aber für die Erklärung der Unterschiede in der Gedrängtheit der Bevölkerung, besonders wo es sich um Gebirgsgegenden handelt, der klimatische Faktor unentbehrlich ist, so müssen in Ermangelung ziffernmässiger Belege andere Merkmale beigebracht werden.

Die Wirkungen des Klimas speziell auf der Eifel sind nur zu verstehen in Verbindung mit der eigentümlichen Bodengestaltung und der Verteilung der Kulturen. Die reichliche Feuchtigkeit z. B., lange Regengüsse und starke Gewitter [2], welche auf ebenen Plateauflächen keinen Schaden anrichten würden [3], treten in der Eifel vielfach störend auf. So bringt die äusserst coupirte Terraingestaltung dieses Teiles des Rheinischen Schiefergebirges es mit sich, dass den starken Niederschlägen fast überall nicht ebene Felder, sondern mehr oder weniger geneigte Hänge gegenüberstehen, und dass bei der ohnehin geringen Mächtigkeit der Dammerde diese allenthalben leicht der Gefahr ausgesetzt ist, abgeschwemmt und in die Täler geführt zu werden. Wie die schwache Bewaldung dieses Abschwemmen begünstigt, so hindert wechselweise wieder die unbedeutende Krume eine neue Bewaldung [4]. Dazu kommt nun noch ein Klima, welches bis in den Juni hinein mit Nachtfrösten auftritt [5]. Da kann es denn nicht verwundern, dass nach Delitsch [6] etwa bei 500 m der lohnende, bei 650 m jeder Getreidebau aufhört, wenn man nicht gar so weit gehen will wie Schwerz [7], der dem Ackerbau auf der Eifel das Zeugniss ausstellt, dass dabei Nichts, sondern höchstens Schaden herauskomme.

Das Zurücktreten des Ackerbaus und die grosse Ausdehnung der nach dem System der Haubergswirtschaft nuzbar gemachten Strecken [8] 20. 47] scheint auch für das gegenüberliegende Sauerland — troz der unbedeutenden Meereshöhe (Olpe 326 m) — auf ein rauhes Klima zu

---

[1] Die Angaben, welche Dove in der Preuss. Statistik XXXII, Tab. III macht, beziehen sich bei vielen rhein. Stationen nur auf die Jahre 1869—72, sind also (der Kürze der Beobachtungszeit wegen) nicht verwendbar; überdies sind die Stationen überall ausser in Baden und Württemberg recht spärlich verteilt und teilweise ungünstig gewählt (Laach, in e. ganz geschüzten Kessel, nur 229 m, einziger Beobachtungspunkt f. d. Eifel). Auch die württemberg. u. bad. Stationen, wenngleich f. lediglich klimat. Untersuchungen ausreichend, genügen für unsere Zwecke nicht.
[2] Schwerz, Beschreib. d. Landwirtschaft in Westfalen u. Rheinpreussen. 2 Bde. 1836. II, 135; Meitzen, Der Boden u. d. landwirthsch. Verhältnisse d. Preuss. Staates. 4 Bde u. Atlas. 1868—71. I, 157. 292.
30] [3] Wie es z. B. auf dem im engeren Sinne sog. Hunsrück der Fall ist, der doch mit d. Eifel die gleiche Gesteinsunterlage hat u. klimatisch ähnlich ge-
110] legen ist. — Dafür allerdings auf dem Albuch (Schwäb. Jura) gleichfalls durch Niederschläge der Lehm allmälig ausgewaschen. Fraas, Geognost. Beschreib. v. Württemberg, Baden u. Hohenzollern. 1882. S. 209.
[4] Meitzen I, 292. — [5] Meitzen I, 157. — [6] Fünfter Jahresbericht d. Vereins v. Freunden der Erdkunde zu Leipzig, 1865. 1866. S. 12. — [7] II, 131.
[8] Meitzen II, 198.

deuten, das überdies anderweitig [1]) bezeugt wird. Hier kann wenigstens nirgends von Obstbau die Rede sein, wie er z. B. in gleicher Höhe 21] (ca. 300 m) zwischen Lahn und Taunus [2]) fast überall betrieben 22] wird, noch mehr auf dem Plateau von Lothringen [3]), hier bis weit hinein sogar von Reben begleitet [4]).

In der Tatsache, ob, in welchem Umfange und mit welchem Erfolge gewisse Kulturen angepflanzt werden können, liegt ja überhaupt das Kriterium jedes Klimas. Aus diesem Grunde müssen wir die Eifel, 19a] die auch sonst besser gestellte [5]) südliche Kalkbucht (Bitburg) etwa ausgenommen, für ein klimatisch unbegünstigtes Land erklären, das grösstenteils nur Hafer und Kartoffeln trägt [6]), müssen wir ähnlich dem 23] Vogelsgebirge [7]) ein solches Zeugnis ausstellen, auch dem Grenzland zwischen Vogesen und Haardt, besonders dem sogenannten Bitscher 58] Lande, wo wir jedoch die interessante Erscheinung finden, dass die dortige trockene Sandsteinunterlage gerade der aus Wäldern und Sümpfen aufsteigenden Nebel bedarf, um sich die nötige Feuchtigkeit zu sichern [8]).

Im Schwarzwald begegnen wir bedeutend günstigeren klimatischen Bedingungen. Nirgends sonst im Rheinischen Deutschland ziehen sich die Ansiedelungen, Höfe und Dörfer soweit hinauf; während z. B. im Taunus, allerdings bei nördlicher Lage, Reifenberg, 300 m unter dem Gipfel des Feldbergs, nur etwa 600 m Höhe erreicht, stossen wir im Schwarzwald in fast allen Tälern bis gegen 900 m hinauf auf Ortschaften [9]), und auch diese werden noch überholt von einigen auf Höhenrücken liegenden Häusergruppen [10]). Nur durch die Gunst des Klimas wird Solches ermöglicht; Dank besonders der Milde des Winters [11]) begleitet nicht nur der Getreide- und Flachsbau [12]) den Menschen bis zu den höchstgelegenen Wohnungen hinauf, sondern an günstigen Stellen auch der Obstbaum. Dass geschützte Täler, welche mehr als Fortsezung des Tieflandes zu betrachten sind, bis weit in's Gebirge hinein einen starken Obstbau zulassen [13]), werden wir auch bei den Vogesen und in der Schwäbischen Alb wieder finden; einzig aber ist die Tatsache, dass

---

[1]) Hassel III, 438. — [2]) Vogel, Beschreib. d. Herzogthums Nassau. 1843. S. 606. 631. 815. 828. — [3]) Huhn passim. — [4]) Weinbau z. B. noch an den Quellen der Kl. Seille u. d. Rotte (Mörchingen). Huhn 388. — [5]) Vgl. unten S. 92. — [6]) Hassel III, 510 ff. an vielen Stellen. — [7]) Vgl. Wagner, Statistisch-topogr.-hist. Beschreib. d. GHths. Hessen. 4 Bde. 1830—31. III, 205. IV, 52. — [8]) Huhn 32. — [9]) Neustadt (Wutachtal) 828, Todtnau (Wiesental) 848, Furtwangen (Tal d. Breg) 848, Menzenschwand (Albtal) 884 m. — [10]) St. Märgen 890, Saig 900, Höchenschwand 1010 m.

[11])

Stationen	Höhe	Jahr	Jan.	Juli
Schweigmatt (über Zell i. W.)	735	9,0	0,4	17,7
Höchenschwand	1012	6,5	—1,8	15,4
Dagegen a. d. östl. Hochfläche: Villingen	716	6,8	—2,8	16,4

Das GHt. Baden. Tab. S. 75. Zehnjähr. Beobachtungen.

[12]) Hassel V, 12. — [13]) Z. B. das Gutachtal (Hornberg). Demian 132; Heunisch, Das GHth. Baden, historisch-geogr.-stat.-topographisch beschrieben. 1857. S. 689.

im mittleren Teil des Schwarzwalds noch bei 700 [1]), ja bei 800 [2]) m ein durch die Bereitung des Kirschwassers einträglicher Obstbau stattfindet, und dass in einer Höhe von 1000 m (Höchenschwand) sogar noch Wintergetreide [3]) gesäet und geerntet wird.

So erklärt sich denn der Vorsprung, welchen der Schwarzwald in der Stärke der Bevölkerung den anderen bedeutenderen Erhebungssystemen, besonders aber der Eifel gegenüber hat, fast allein schon aus den Vorzügen seines Klimas; welche Gesichtspunkte ferner in Betracht kommen, darüber weiter unten.

2. Die direkt zur Erzeugung von Pflanzen bestimmte oberste Schicht der Erdrinde, die sog. Ackerkrume, kann naturgemäss, durch klimatische und Ungunst der Lage vielfach an der Entfaltung ihrer Eigenschaften gehindert, in gebirgigen Regionen nicht diejenige Wichtigkeit für die Produktion haben, die ihr sonst zukommt. Trozdem ist ihr Einfluss auf die Höhe des Ertrages und besonders auf die Verteilung der Kulturen auch im Gebirge unverkennbar, in niedrigeren Lagen oft ausschlaggebend. Wie Dies bei hochgelegenen Gebieten, welche zudem, wie das Schiefergebirge, Vogesen, Schwarzwald u. s. w., seit langen geologischen Perioden trocken liegen, nicht anders zu erwarten ist, bilden in den meisten schwach bevölkerten Gegenden die Schichtenböden die Regel; eine bemerkenswerte Ausnahme repräsentirt nur Oberschwaben, das bekanntlich als Teil der Oberdeutschen Hochebene zum grössten Teil mit Alpenschutt angefüllt ist. Meistenteils haben daher die Böden die Natur der ihre Unterlage bildenden Gesteine, aus deren Verwitterung sie ursprünglich hervorgegangen sind.

So haben wir beispielsweise schon den Boden des zur Saar sich senkenden Sandsteinplateaus zwischen Vogesen und Haardt (Bitscher Land) kennen gelernt als einen der Feuchtigkeit bedürftigen Boden, wie wir weiter erfahren [4]) „locker, rauh und jeder Witterung erliegend", d. h. also nicht im Stande, dem harten Klima jener Gegenden Widerstand zu leisten. An Wassermangel, Trockenheit leidet auch besonders der Boden 25] der Schwäbischen Alb, deren jurassischer Untergrund das meteorische Wasser sofort durch tausend Spalten entführt. Hier ist der Quellenmangel [5]) sogar die Hauptursache der dürftigen Bevölkerung, indem er die Anlage neuer Höfe, den Ausbau aus den Dörfern zum Zwecke der Inangriffnahme der aussenliegenden, zur Weide niedergelegten Ländereien [6]) zur Unmöglichkeit macht.

Ferner gedachten wir bereits des Bodens auf der Eifel, welcher auf den geneigten Flächen schwer haftet und schliesslich eine Beute der zu Tal strömenden Wasser wird. Durch die Ablagerung dieser Massen

---

[1]) Beiträge XII, 10. — [2]) Badenia. Eine Zeitschrift u. s. w. Neue Folge. 2 Bde. 1859, 62. II, 288. — [3]) Beiträge XXIII, 20 f. Allerdings ein Risiko, da wegen allzu grosser Feuchtigkeit oder allzu trock. Sommer Missjahre nicht selten sind. — [4]) Wanderungen 6. — [5]) Vgl. über Quellen- und Wassermangel topographische Notizen bei Memminger 571 ff. — [6]) Nach der württemberg. Landesvermessung (1818—40) hatte d. Oberamt Münsingen 10 % (d. Gesammtfläche) ständige Weiden. Württ. Jahrbb. 1852 II, Tab. Nr. 6.

in den tiefer liegenden Gegenden[1]) wird allerdings für diese Manches wieder gut gemacht; aber es sind doch verschwindend kleine Flächen, welche dergestalt von dem Unglück der höheren Lagen Vorteil haben. 21] Das Gleiche zeigt sich auch südlich der unteren Lahn, wo die Täler dann Träger besonderer Fruchtbarkeit sind (Land auf der Ahr, 26. 27] Goldener Grund²)). Ausser diesen paar angeschwemmten Böden werden besonders gerühmt gewisse vulkanische Erden des östlichen Winkels der Eifel³), und ferner die Böden der von Lothringen 19a] hereinragenden Triasbucht⁴), in welcher denn auch die Bevölkerung etwas dichter sizt, als auf den Schieferböden: Kreis Bitburg 37. Dem gleichen Fehler der allzu dünnen, steinigen Ackerkrume und damit in Verbindung der geringen Haltbarkeit an den Hängen begegnen wir übrigens noch vielfach in stark gegliederten Gebieten, so besonders im 186. 187] hinteren Westerwald zu beiden Seiten der Dill⁵), im 28. 23] Spessart⁶), auf dem Vogelsgebirge⁷), hier wie es scheint in Folge der für den harten Basalt noch allzu geringen Dauer der Ver-25] witterungsperiode. Auch auf der Schwäbischen Alb ist die Krume im Allgemeinen sehr dünn, stellenweise sogar kaum vorhanden, so dass der Pflug versagt⁸), ferner, Dank der Entstehungsart — Zertrümmerung der Schichten durch die Gletscher der Eiszeit⁹) — mit Steinen angefüllt, die aber hier doch wieder das Gute haben, die wenige Feuchtigkeit vor der Ausstrahlung zu schüzen[10]).

Sehr wichtig, besonders für die Höhe der Produktionskosten des Ackerbaus ist von physikalischen Eigenschaften des Bodens noch der Grad der Zähigkeit. So bietet ein krasses Beispiel von Schwere die Ackererde des westlichen Teils von Lothringen, insbesondere an der 22a] unteren Seille[11]), wo das Pflügen mit grossen Schwierigkeiten zu kämpfen hat, und die sehr erheblichen Produktionskosten den Ackerbau dergestalt[12] verteuern, dass es nahe liegt, hierin eine Ursache der schwachen Bevölkerung zu suchen.

In der Mehrzahl der Fälle ist es aber die chemische Zusammensezung des Bodens, welche schliesslich zu dessen Gunsten oder Ungunsten den Ausschlag giebt; in dem verhältnismässigen Vorhandensein gewisser mineralischer oder organischer (Humus-) Bestandteile liegt ja die grössere oder geringere Erzeugungskraft und Ausdauer des „Brotflözes", wie sich Fraas[13]) ausdrückt. Was in der Regel besonders beliebt ist: Kalk- und Mergelgehalt, das finden wir z. B. in begünstigten Teilen des Taunus-21] plateaus[14]), in dem schon erwähnten schweren Boden der Seilleniederung[15]), wo deshalb der tierische Dünger fast ganz entbehrlich wird[16]), am Südostabhang des Schwarzwaldes (Gegend des Wutachtals[17])) und auf der Schwäbischen Alb in der bekannten Flachsgegend 25a] von Laichingen[18]); eine Ursache der hier etwas grösseren Ge-

---

[1]) Meitzen I, 292. — [2]) Vogel 53. 40. — [3]) Meitzen I, 292. — [4]) Baersch, Beschreib. d. Reg.-Bez. Trier. 2 Bde. 1849, 46. I, 13. — [5]) Vogel 55. — [6]) Landau 600. — [7]) Walther 73; Demian I, 41. — [8]) Fraas 134. — [9]) Fraas 191. — [10]) Beschreibung d. OA. Reutlingen. 1824. S. 30. — [11]) Wanderungen 24; u. an and. Stellen. — [12]) 6—8 Pferde zum Pflügen notwendig. Huhn 120. — [13]) S. 205. — [14]) Vogel 53. — [15]) Wanderungen 24; Huhn 107. 261. 474. — [16]) Die Viehzucht also vernachlässigt. S. unten (71). — [17]) Beiträge XXIII, 21. — [18]) Fraas 212; Memminger 573. 648. 650.

drängtheit der Bevölkerung (Dörfer Laichingen, Feldstetten, Suppingen u. s. w.). Derartige Merkmale, wie der Kalkgehalt eines Bodens, lassen sich noch leicht erkennen und als solche hervorheben. Es folgt nun aber die ganze Reihe der Schichten- und Lehmböden mit ihren tausendfachen Abweichungen und damit für uns die Unmöglichkeit, denselben nachzugehen. Nur das Eine möge noch, im Gegensaz zu der günstigen Beimischung von Kalk, angeführt werden, dass nämlich auf dem Vogelsberg[1]) eisenhaltige Bestandteile der Fruchtbarkeit entgegenwirken, und dass es auf der Rauhen Alb sogar Stellen giebt, deren Boden[2]) jeglicher Produktion unzugänglich sind, die deshalb „schorfartig" aus der Ebene hervorragen.

3. Der Faktor der **Pflanzendecke des Bodens** verlangt für die schwachbevölkerten Gebiete einige besondere Erörterungen.

Neben der Frage der Ernährungsfähigkeit einer bestimmten Bodenfläche kommt nämlich — und dabei ist die Art der Pflanzendecke besonders beteiligt — noch ein anderes Moment in Betracht: wie viel Menschen können auf einer bestimmten Fläche Arbeit finden, wie viel Boden ist nötig, um eine Familie hinreichend zu beschäftigen? Rau[3]) nennt Dies Arbeitsminimum. Es liegt auf der Hand, dass das Arbeitsminimum sich um so mehr vom Ernährungsminimum entfernt, je üppiger Boden und Klima, je höher der Wert der angebauten Pflanze im Verhältnis zur aufgewandten Arbeit ist. So liegt offenbar Ersteres unendlich weit über dem Lezteren da, wo einige Brotfruchtbäume oder Bananen zur Ernährung einer Familie genügen und die ganze Arbeit des Jahres im Abpflücken der Frucht[4]) besteht; das Umgekehrte ist der Fall, wenn troz harter Arbeit der Ertrag einer bestimmten Fläche den Besizer nicht genügend zu ernähren vermag, andere Erwerbsquellen aber nicht vorhanden sind: ein Zustand, den man mit Uebervölkerung bezeichnet, von dem wir auch noch begegnen werden. Für uns kommen hier, bei der Betrachtung von Gebieten mit schwacher Bevölkerung, weniger solche Kulturen in Frage, welche, sei es durch Arbeit, sei es durch ihren Ertrag auf geringer Fläche einer Menge Menschen die Existenz ermöglichen; vielmehr handelt es sich grossenteils um solche, deren Ertrag und Arbeitserfordernis gering sind.

Der Wald verlangt keine Bearbeitung des Bodens, wie Acker- und Wiesenland (Dünger oder Bewässerung), aber, sofern er nicht in Plänterwirtschaft[5]) betrieben wird, künstliche Verjüngung, in jedem Falle Ernte, was Beides nur durch menschliche Arbeit besorgt werden kann. Je nach der Art des Betriebes und der Entfernung vom Markte ist dazu eine geringere oder grössere Anzahl Hände und Gespanne erforderlich, in keinem Fall aber auch nur annähernd so Viel, als das in landwirtschaftlicher Bearbeitung stehende Land bedarf. Da ausserdem der Wald zu einem grossen Teil im Besiz von Staat und Gemeinden ist, so fällt die Bodenernte in den wenigsten Fällen dem Arbeiter selber zu. Alle diese Umstände bringen es mit sich, dass der mit Wald bestandene Boden — auch mit Berücksichtigung der Nebennuzungen — nur eine sehr geringe Bevölkerung tragen kann. Etwas anders liegt die Sache bei den Weiden. Sofern Diese nicht Fettweiden sind, wie am Niederrhein, muss man dieselben als überschüssiges Land auffassen, zu dessen besserer Benuzung kein Bedürfnis vorhanden ist, oder die Kapitalien fehlen. Hier fällt die Bearbeitung durch Menschenhand gänzlich weg, und die Ernte wird von dem Vieh selber besorgt. Offenbar ist Dies die extensivste Art der Bewirtschaftung des Bodens; der Rohertrag, verschieden zwar nach der

---
[1]) Demian, GHth. Hessen I, 41; Wagner IV, 50. — [2]) Dolomitböden. Fraas 209. — [3]) Archiv d. Polit. Oekonomie XIV, 167. — [4]) Vgl. auch unsere mitteleuropäischen Obstbäume. — [5]) Vgl. Schönberg, Handbuch II, 278.

Graswüchsigkeit, kann als sehr gering angenommen werden, geringer jedenfalls als derjenige des schlechtesten Ackers. Und da nun zur Beschäftigung einer Arbeitskraft (des Hirten) eine ausserordentlich grosse Fläche nötig ist, so müssen wir die Weide als diejenige Benuzungsart des Bodens auffassen, welche die schwächste Bevölkerung erträgt.

Nach dem Vorstehenden scheint es mir, für schwachbevölkerte Gebiete, nicht zweckentsprechend zu sein, die Verteilung der Kulturen nach der herkömmlichen Rubrizirung in landwirtschaftlich benuzte Fläche und Waldfläche vorzunehmen. Vielmehr soll das ganz extensiv als Weide liegen gelassene Land dem durch Arbeit ausgenuzten, Wiese und Ackerfeld (mit Gärten u. s. w.) gegenübergestellt werden, wozu dann als dritte [1]) Kategorie der Wald tritt. Nur so ist es möglich, sich ein richtiges Bild 25. 19] von der z. B. auf der Alb und der Eifel, wo die Weiden sehr ausgedehnt sind, stattfindenden Verteilung der Kulturen zu machen, wie sie auf die Stärke der Bevölkerung direkt von Einfluss ist.

Wenn wir also das landwirtschaftlich bearbeitete Areal dem unbearbeiteten, Weide und Wald gegenüberstellen, so haben wir auf der einen Seite das an und für sich, von der Bodenqualität abgesehen, die Volksmenge begünstigende, auf der anderen das dieselbe mehr oder weniger ausschliessende Moment. Nun sind auffallende umgekehrte Beziehungen zwischen dem Prozentsaz des landwirtschaftlich bearbeiteten Bodens und der Dichtigkeit der Bevölkerung zwar nicht ganz selten, im Allgemeinen aber steigen und fallen beide Grössen mit einander.

So finden wir einen besonders niedrigen Procentsaz[2]) des Acker- und Wiesenlandes im rechtsrheinischen Schiefergebirge:

	Kreise	Weide	Wald	Landw. bearb.	Dicht. 1819 bzw. 1821
20. 47] Sauerland	Olpe	3	65	29	39
	Altena	5	54	37	41
	Waldbröl	5	45	45	53
29] Westerwald	Altenkirchen	4	55	37	44
21] Lahn-Taunus	Untertaunus	2	50	45	49

In der Eifel vermehrt sich das kultivirte Land von der Mitte aus gegen Norden, Osten, Süden, umgekehrt wie die Weiden und ungefähr direkt wie die Bevölkerung zunehmend:

---

[1]) Was sonst noch in den Tabellen aufgeführt zu werden pflegt, als Unland, Gewässer, Strassen u. s. w., kann als unwesentlich weggelassen werden, da dasselbe 5% der Gesammtfläche kaum zu übersteigen pflegt.

[2]) Leider war es den meisten rhein. Staaten nicht möglich, eine frühere Vermessung der Kulturen zu benuzen; es musste deshalb die Aufnahme des Jahres 1878 (Die Bodenkultur des Deutschen Reichs. 1881) eintreten, da eine Reduktion der Zahlen der kleineren Bezirke von 1878 auf frühere — lediglich die Staaten und allenfalls noch die gröss. Verwaltungsbezirke betreffende — Verhältniszahlen wegen der Mögl. grosser Fehler untunlich schien. So ist mir eine Publikation der Ergebnisse der rheinisch-westfäl. Katasteraufnahme der Jahre 1818—84, welche auf die Kreise oder auch nur auf die Regierungsbezirke herunterginge, nicht bekannt.

Kreise	Weide	Wald	Landw. bearb.	Dicht. 1819
Prüm	37	28	32	24
Adenau	22	37	36	30
Schleiden [1])	25	33	37	35
Daun	15	31	50	30
Bitburg	7	26	63	37

Hier fällt das grosse Areal der Weiden auf, welche sich teilweise wol auf Kosten des Waldes ausgedehnt haben, und deren Wiederbewaldung, wie wir oben sahen, wegen der Abschwemmung der Erde so schwierig ist. Eine Kundgebung aus Regierungskreisen [2]) macht geradezu die französische Herrschaft für die weiten, angeblich früher mit Wald bestandenen Oedländereien verantwortlich.

Unregelmässiger gestalten sich die Verhältnisse dagegen auf der anderen Seite der Mosel:

Bezirke	Weide	Wald	Landw. bearb.	Dicht.	Jahr
30] Kreis Simmern	5	40	52	54	1819
31] Fürstt. Birkenfeld	1	39	56	43	1822 [3])
32a] Fürstt. Lichtenberg [4]) . . (Kr. St. Wendel)	6	24	65	49 [5])	1818
32b] Kreis Merzig	3	37	56	54	1819

Den Uebergang von den stark bewaldeten zu den Gebieten mit grosser Acker- und Wiesenfläche vermittelt in Süddeutschland der Schwarzwald. Hier treten alle Kulturen abwechselnd scharf hervor, ohne jedoch auf die Stärke der Bevölkerung ihrem Wesen entsprechend zu wirken. In der Tat scheinen unsere obigen Ausführungen teilweise gänzlich auf den Kopf gestellt zu werden: Gebiete, in denen das Acker-

---

[1]) Bergbau! S. unten S. 48 f. — [2]) Jahrb. f. d. amtl. Stat. d. Pr. Staates 1863, 346.

[3]) eigentlich Bevölkerung von $\frac{1816+1828}{2}$.

[4]) bis 1834 zum Herzogtum Sachsen-Koburg gehörig, seither preussisch.

[5]) Hier muss aus irgend einem Grunde die Bevölkerung im Steinkohlen-30. 31. 32] gebirge gegenüber derjenigen des Hunsrück zurückgeblieben sein, trozdem derselben ein grösseres landwirtsch. Areal zu Gebote stand; das Fehlende wird indessen, sicherlich mit Hilfe industrieller Tätigkeit, bis 1880 energisch nachgeholt, während der Hunsrück stagnirt. Die Dichtigkeit war nämlich:

Bezirke	um 1820	1849 bzw. 1843	1880
Kreis Simmern	54	67	63
Fürstt. Birkenfeld	43	58	78
Kreis St. Wendel	49	71	85

land verschwindend klein, überragen andere beträchtlich an Bevölkerung; von dem anderswo die Volkszahl beeinträchtigenden Einfluss ausgedehnter Wald- und Weideländereien ist Nichts mehr zu bemerken, und dies Alles, ohne dass sich aus den geognostischen, klimatischen Tatsachen, der Bodenkonfiguration Belege dafür finden liessen. Allein die Industrie ist im Stande, dieses Rätsel zu lösen, und auch diese nicht überall zur Genüge, so dass insbesondere in Bezug auf die Bezirksämter Schönau und Schopfheim [1]), im südwestlichen Teil des Gebirges, auf eine befriedigende Erklärung verzichtet werden muss. Die Zahlen, welche mitgeteilt zu werden verdienen, sind folgende [2]):

Bezirksämter	Weide	Wald	Landw. bearb.	Dicht. 1818
Schönau	33	40	20	59
St. Blasien	19	53	25	35
Neustadt	7	48	42	29
Schopfheim	10	42	45	46
Villingen	7	39	51	43
Triberg	7	36	52	45
Säckingen	—	41	54	54
Waldkirch	1	40	55	52
Waldshut	0	34	62	61

Man vergleiche diese Zahlen mit den oben für die Eifel [3]) angegebenen, und man wird den Unterschied der klimatischen Lage, wie auch den Einfluss der Schwarzwälder Industrie ermessen können.

---

[1]) Die Quellen fliessen hier allerdings spärlich. Demian, die einzige zeitgenössische Beschreibung von Baden, ist, trozdem der Mann kaum ein rheinisches Land unbeschrieben gelassen, es ihm an Uebung also nicht gefehlt haben kann (Rheinbundstaaten 1812, Niederrhein 1820, Baden 1820, Nassau 1823, GHt. Hessen 1824—25) ein unpraktisches, gedankenloses Buch. — Allerdings hat Schopfheim mit der Zeit Schönau überholt, aber wol lediglich durch die Grossindustrie des Wiesentals, welche überdies auch in's Amt Schönau (Zell i. W.) hinaufreicht. Die Entwicklung der Bevölkerung in beiden Aemtern ist folgende:

Bezirksämter	1818	1855	1880
Schönau	59	64	69
Schopfheim . . .	46	58	76

[2]) Kulturen n. d. Aufnahme v. 1878. S. S. 34, Anm. 2.

[3]) Hier hat sich freilich im Laufe d. Jahrhunderts, besonders in den ersten Jahrzehnten bis zu den kritischen Jahren von 1847 an, die Bevölkerung mächtig entwickelt, in der südl. Hälfte fast verdoppelt (Kr. Prüm 1819: 24, 1880: 39; dagegen Montjoie 48 bzw. 50). Aber auch der Schwarzwald ist nicht zurückgeblieben, sondern hat s. in denjenigen Bezirken, welche für seine Landwirtschaft und Industrie charakteristisch sind, durchaus auf der Höhe gehalten (BA. Triberg 1818: 45, 1880: 72), während freilich da, wo wir die Bevölkerung so wenig im Einklang mit der Ausdehnung des bearbeiteten Grund und Bodens finden, dieselbe stagnirt hat (BA. Schönau s. oben, St. Blasien 1880: 35, 1818: 39).

Vom Schwarzwald aus auf der Wasserscheide zwischen Donau und Rhein entlang gehend, gelangen wir bald in wesentlich anders geartete Gegenden. Zur Linken dehnt sich die weite Plateaufläche des Jura mit starkem Prozentsaz des landwirtschaftlich angebauten Bodens, von dem aber periodisch ein grosser Teil als Weide liegen bleibt, so dass mit der ständigen Weide noch in den sechziger Jahren [1]) ein Viertel der Gesammtfläche den Schafheerden der Albtraufe zur Verfügung stand; dazu etwa ebenso viel Wald. Diese Gestaltung der Pflanzendecke und die des Wassermangels wie der steinigen Beschaffenheit wegen wenig dankbare Natur des Bodens erklären die sehr geringe Bevölkerung der
25] eigentlichen Rauhen Alb zur Genüge (Oberamt Münsingen 32).

33] In Oberschwaben bedeutende Ausdehnung des Acker- und Wiesenlandes, auf Kosten von Wald und Weide, aber eine Bevölkerung, deren Höhe dem bebauten Areal gegenüber gering ist. Die von Pflug und Sense bearbeiteten Flächen [2]) erreichen hier das Uebergewicht in einer Weise, wie wir es bisher noch nirgends getroffen, so in den Oberämtern bzw. Bezirksämtern

Biberach .... 66 %,
Ravensburg ... 67 „
Pfullendorf ... 70 „

denen eine Dichtigkeit von nur 48, bzw. 44 und 35 gegenübersteht [3]).

Ein kurzer Schritt führt uns vom Kocher-Einschnitt flussabwärts
34] in die Keuperberge und weiter auf die weiten Plateauflächen
35] des Muschelkalks. Beide Horizonte scheiden sich scharf von einander, wie die folgende Tabelle zeigt, wobei Oberamt Krailsheim, vom Gebirge in die Ebene übergreifend, den Uebergang vermittelt:

Ober-(Bezirks-)Aemter	Weide	Wald	Landw. bearb. 1821	Dicht. 1818
Ellwangen ...	10	35	52	45
Krailsheim ...	8	26	60	61
Gerabronn ...	4	19	72	54
Tauberbischofsheim	1	23	74	64

Wenn hier die Stärke der Bevölkerung mit der Ausdehnung des landwirtschaftlich angebauten Areals nicht immer übereinstimmt, so ist daran zu erinnern, dass ein grosser Teil der Bevölkerung sich in den weinreichen Tälern zusammendrängt, und dass die nördlichen Hochflächen, wenn auch eben und gut zu bearbeiten, doch teilweise schon recht hoch liegen (Schrotzberg, Oberamt Gerabronn 463 m) und beispielsweise mit den auf gleicher geognostischer Unterlage liegenden Böden des Stroh-
36. 37] gäus (Ludwigsburg) und des oberen Gäus (Herrenberg) nicht konkurriren können.

---

[1]) Württ. Jahrbb. 1869, 164.
[2]) Für Württemberg sind wiedergegeben die Ergebnisse der Landesaufnahme von 1818—40, nach Württ. Jahrbb. 1852, II.
[3]) Wie die geringe Volkszahl (und auch das geringe Wachstum derselben) mit den Verhältnissen des Grundbesitzes zusammenhängt, darüber s. unten S. 44 ff.

Und endlich jenseits des Rheins, als Gegenstück zum Jagst- und Tauberland, wie dieses plateauartig, das **lothringische Stufen-**
22] **land**, von der tiefeingeschnittenen Mosel wie Jenes von der Tauber sich landeinwärts erstreckend, Beide klimatisch ähnlich gelegen. Die landwirtschaftlich bearbeitete Fläche [1]) erreicht an der mittleren Mosel ihre stärkste Verbreitung, nämlich

Arrondiss. Château Salins . . . $74^1/_2$ %,
       „ Metz . . . . . . 75 „
Kanton Pange [2]) . . . . $80^1/_2$ „

der Gesammtfläche, und die Dichtigkeit der Bevölkerung streift nahe an Mittelstärke, 1821:

Kanton Pange [3]) 57,
Arrondiss. Metz (ohne Stadt) . . 59,
       „ Château Salins . . . 59,

freilich wenig genug in Anbetracht der Gunst von Klima, Boden und Pflanzendecke. Darüber Weiteres im nächsten Kapitel.

---

4. Es versteht sich von selbst, dass bei Betrachtung der **landwirtschaftlichen Verhältnisse**, soweit dieselben auf die Stärke der Bevölkerung erkennbaren Einfluss haben, **die Ausdehnung des landwirtschaftlich benutzten Areals überhaupt als ein Teil der Gesammtfläche** nie darf ausser Augen gelassen werden, besonders wenn Vergleiche zwischen verschiedenen Gegenden in Frage kommen; Nachweise der einzelnen **landwirtschaftlichen Kulturen** und ihres Verhältnisses zu einander innerhalb des landwirtschaftlichen Areals — wobei die Waldbedeckung also nicht berücksichtigt werden kann — sind aber nicht zu entbehren.

In den am Schwächsten bevölkerten Gebieten, wie im östlichen
38] **Odenwald**, in dem waldigen Strich zwischen **Haardt** und
24. 28] **Vogesen**, eigentlich auch im **Spessart** [4]), in welchen beiden aber daneben der Bergbau von Wichtigkeit, treten Ackerbau und Viehzucht stark zurück [5]), und die Bevölkerung findet ihren Unterhalt in Waldarbeiten, Holztransport u. s. w. [6]), wobei nicht ausgeschlossen ist, dass jeder Holzhauer und Köhler sein Stück Ackerland [7]) bebaut.

---

[1]) Nach einer Tabelle von Brämer, Zeitschrift d. kgl. preuss. statist. Büreaus 1871, 27, auf der Katasteraufnahme beruhend.
[2]) de Chastellux, livre terrier, tabl. Nach dem Kataster.
[3]) Aus de Chastellux Tab. S. 182 ff. (Bevölk. v. 1801), reduzirt auf die Bevölk. d. Arrondiss. Metz 1821 (Statistique de la France. Territoire, population. 1837. Tab. Nr. 47).
[4]) Landau 600.
38] [5]) Im Landgerichtsbezirk Hirschhorn (Hessen) kamen 1828 auf 100 Menschen 1 Pferd, 23 Stück Rindvieh, eine äusserst geringe Zahl. Wagner I, 112.
[6]) Demian, Hessen I, 32. 36. II, 53. 54. 68; Hassel V, 243.
38] [7]) Jedenfalls aber sehr wenig; denn Bezirksamt Eberbach (Baden), das im Süden noch in die Ackerbauzone des Neckarberglands hineinreicht, hatte 1878
24. 58] nur 26 % landwirtschaftlich benutzten Boden (also mit Weiden), Kanton Bitsch, ebenfalls, nach Westen, die Waldgrenze überschreitend, 25 % (de Chastellux, livre terrier, tabl.).

Solche Waldgebiete, in denen die landwirtschaftliche Bodenbenuzung ganz zurücktritt, sind aber die seltene Ausnahme; schon in 39] den Vogesen, d. h. auf den zwischen den Tälern liegenden bewaldeten Rücken treibt die Bevölkerung dank den ausgezeichneten, alpenähnlichen Weiden[1]) starke Viehzucht. Wo der Wald aber auf $^3/_4$ und weniger des Areals zurückgeht, tritt die Landwirtschaft durchaus in den Vordergrund.

Der rechte Flügel des Rheinischen Schiefergebirges hat, wie wir oben sahen, in allen seinen (schwachbevölkerten) Teilen eine starke Bewaldung, welche das landwirtschaftlich verfügbare Areal auf 50 % und weniger zurückdrängt. Auch die Einteilung des landwirtschaftlichen Areals selber zeigt keine grossen Unterschiede, vielmehr einen von dem gewöhnlichen Durchschnitt[2]) sich kaum entfernenden Prozentsaz des Graslandes, der nur in den Gegenden zu beiden Seiten der Dill sich stark erhöht.

Kreise	Wiese	Weide	Zusammen: Grasland
Unter-Taunus	17	5	22
Altena . . .	14	12	26
Altenkirchen .	18	11	29
Olpe . . .	25	9	34
Dill	27	26	53

Die Stärke der Bevölkerung ist denn auch eine ziemlich übereinstimmende. Interessant ist aber zu sehen, auf welchen Elementen sich Dieselbe aufbaut. Indem nämlich im eigentlichen Sauerland und auch noch im Westerwald und an der Dill ausser den ständigen Weiden durch eine extensive Feldgraswirtschaft[3]) eine Menge periodischer Weiden gewonnen wird, ermöglicht der dortige Bauer einen ausserordentlich starken Viehstand[4]), wodurch er den Mangel an gutem Ackerland ersezen kann, indess jenseits der Lahn die Viehhaltung zwar noch

---

[1]) Aufschlager II, 81. 104.

[2])

Land	Jahr der Angabe	Wiese	Weide	Zusammen: Grasland
Nassau . . .	ca. 1620	19	11	30
Württemberg .	Landesvermessung 1818—1840	22	7	29
Rheinland . .	1855	12	18	30
Deutsches Reich	1878	16	13	29

%, der landwirtschaftlich benuzten Fläche. Nassau nach Demian 77; Rheinland nach Dieterici, Handbuch d. Statistik d. Preuss. Staates. 1858. S. 287 f.

[3]) Meitzen II, 198; Schwerz I, 420; Vogel 705.

[4]) 1819 auf 100 Einw.:

bedeutend [1]) ist, aber bei besserem Boden der Ackerbau durchaus in den Vordergrund tritt [2]).
Aehnlich wie im Sauerland und Westerwald, gleichfalls auf die ausgedehnten Weiden, die hier aber ständige sind, sich stüzend [3]), ist die Zahl des Rindviehs und der Schafe auf der Eifel eine grosse [4]). Die Bedingungen für eine gute Ernährung des Grossviehs sind zwar hier noch schlechtere, Futterkräuter trägt der Boden nicht [5]), der Wieswachs ist ungenügend [6]); troz alledem aber und trozdem von einer Seite [7]) her sogar die Behandlung des Viehes und seine Qualität abfällig beurteilt wird, muss man sagen, dass die Viehzucht [8]) allein es ist, welche die Eifel in ihren höheren Teilen überhaupt erst bewohnbar macht, da sie allein den weiten Weiden einen Ertrag abgewinnen kann, und da der Ackerbau nach Schwerz' [9]) Zeugnis nicht nur keine Rente gewährt, sondern sogar Zubusse verlangt. Anders natürlich in denjenigen Teilen des Gebirges, welche sich durch etwas besseren Boden auszeichnen (wie wir oben sahen, besonders die südwestliche Kalk-19 a] bucht, Bitburg u. s. w.), und wo demgemäss das Weideland erheblich zurücktritt [10]). Auch hier jedoch ist die Bevölkerung eine geringe, bei Weitem nicht so stark wie jenseits der Mosel.

30] Die Lösung des Rätsels, dass der Hunsrück sich so erheblich vor seinem Nachbar auszeichnet [11]), dürfte, da wir den Boden als einen geringen [12]) bezeichnet sehen, am Ehesten in der Ausdehnung und Ergiebigkeit des Graswuchses [13]) zu suchen sein, die ihrerseits vielleicht in

Kreise	Rindvieh	dagegen Pferde
Waldbröl . . .	76	1
Altenkirchen .	85	2

Beiträge 1821, Tab. Das Vieh allerdings als gering geschildert, Hassel III, 482, und Stallfütterung kaum bekannt, Schwerz I, 432.

[1]) Amt Weilburg 56, Wehen 64 % Rindvieh. Vogel, Tab. S. 450.
[2]) Mastung d. Viehes zwischen Lahn u. Taunus, Demian (Nassau) 38.
[3]) Schwerz II, 139 spricht ironisch v. d. Weiden als einzigen „Stützen" des Rindviehs.
[4]) Kreis Adenau 50, Malmédy 54, Prüm 63 % Rindvieh u. 184 % Schafe, Lezteres eine ungewöhnlich hohe Ziffer. Beiträge 1821, Tab. Vgl. auch Hassel III, 520.
[5]) Schwerz II, 143. 148. — [6]) Schwerz II, 139.
[7]) Baersch I, 291. 21. Dagegen Meitzen II, 488. 528, welcher die Genügsamkeit d. Eifelrindes u. -Schafes rühmt.
[8]) Schwerz II, 143 nennt allerdings Pferde- und Rindviehzucht „unbedeutend". Aber wovon lebt denn der Eifelbauer, wenn, wie derselbe Schwerz (II, 132) erwähnt, die Konkurrenz d. Eifelgetreides auf auswärt. Märkten unmöglich ist? Wenn die Viehproduktion der Eifel (neben Holz und Eisen) allein e. Eintausch des nötigen Bedarfs an Roggen, Tuch, Kolonialwaaren u. s. w. ermöglicht, so muss man derselben das Prädikat „wichtig" doch wol zuerkennen. Schwerz legt in seinem Eifer überhaupt nicht immer einen objektiven Massstab an.
[9]) II, 131. — [10]) s. Tabelle S. 35. — [11]) Der Wanderer, welcher, von der Eifel kommend, das Hunsrückplateau betritt, ist erstaunt über den Gegensaz von Sauberkeit und Wohlhabenheit gegenüber den ärmlichen Eifeldörfern.
[12]) Meitzen, Atlas Taf. IV: ungünst. Lehmboden. Auch I, 288.
[13])

	Jahr 1878	Wiese	Weide
Kreis Simmern		26	9
Fürstent. Birkenfeld		29	3

der Leichtigkeit der Bewässerung (wegen der sanft geneigten, aber sonst ebenen Lage) eine Erklärung findet. Der Viehstand selber ist ein normaler [1]), und die Viehzucht nach der besten vorhandenen Quelle [2]) bedeutender als der Ackerbau. Für eine schon vor 6 Jahrzehnten recht starke Ausnuzung der Bodenkräfte spricht ja auch der Umstand, dass die Bevölkerung im Laufe des Jahrhunderts nur wenig zugenommen hat [3]).

Auch in den übrigen rheinischen Gebirgen liefert die Viehzucht die grössten Werte zur Ausfuhr. Das interessanteste Derselben, der Schwarzwald, tritt uns hier entgegen mit einer ziemlich gleichmässigen, mittelstarken Verbreitung des landwirtschaftlich benuzten Areals [4]), wenn wir, wie immer, von dem nördlichen Teil, dem eigentlichen Waldgebiet, absehen. Sehr verschieden ist dagegen die Gruppirung der einzelnen landwirtschaftlichen Kulturen; von Bezirksamt Schönau, welches bei 16 % Ackerfeld 61 % Weiden zählt, bis Amt Bonndorf mit 75 % Acker und 3 % Weide ist ein weiter Schritt, der ein für allemal eine Scheidung zwischen dem östlichen, den Abschluss der getreidereichen Baar bildenden Teil und dem südlich an den Feldberg sich anlehnenden herbeiführen muss. In jenem östlichen (und zum Teil südlichen) [5]) Vorland — das desshalb und aus anderen Gründen noch kaum zum eigentlichen Schwarzwald gerechnet werden kann — ist denn auch der Ackerbau, speziell der Getreidebau [6]), troz der beträchtlichen Meereshöhe (Peterzell 772, Bonndorf 846 m) in hoher Blüte und versorgt nicht nur den inneren Schwarzwald mit dem nötigen Mehl, sondern erübrigt auch noch eine Menge zur Ausfuhr nach der Schweiz [7]) (Hauptmarkt Villingen). Der Viehstand, zwar zahlreich, schmiegt sich hier lediglich dem Ackerbau an [8]). — Anders in den westlichen, gebirgigen Teilen. Die Zahl des Viehes ist hier zwar nicht grösser als dort; aber indem mehr Gewicht auf die Aufzucht von Jungvieh [9]) gelegt wird, werden grössere Werte für die Ausfuhr verfügbar. Da für die Bestellung des Ackers das Terrain nicht günstig gestaltet ist, wird der hier frei werdende Plaz entweder [10]) als Wiese oder

---

[1]) Kr. Simmern 1819 6 % Pferde, 50 % Rindvieh.
[2]) Becker 737. — [3]) s. oben, S. 35, Anm. 5: Kr. Simmern.
[4]) BA. St. Blasien 44, Neustadt 49, etc., Bonndorf (Max.) 60 %.
[5]) Vgl. Beiträge XXIII. — [6]) Badenia I, 435 f. — [7]) Badenia I, 441; Demian 26.
[8]) Auf 100 E. kommen:
  BA. Bonndorf 8 Pferde, 73 Rinder
   „ Villingen 7   „   59   „
n. d. Viehstand v. 1855, auf die Bevölk. v. 1855. Beiträge VI, Taf. I.
[9]) V. 100 Stück Rindvieh waren 1855 (nach Beiträge VI, Tab. VI) Jungvieh:
  BA. Bonndorf 16, dagegen Triberg-Hornberg 22,
   „ Waldshut 17,   Schönau   23,
   „ Villingen 17,   Schopfheim   25,
                            St. Blasien   26.
[10]) V. d. landw. benuzten Fläche sind 1878 v. 100 ha

Bezirksämter	Wiese	Weide	Zusammen: Grasland
Freiburg Land	31	16	47
Schopfheim	31	18	49
St. Blasien	30	43	73
Schönau	23	61	84

ständige Weide für den Graswuchs ausgenuzt, oder aber es wird nach dem System der Egarten-(Feldgras-)wirtschaft[1]) ein grosser Teil[2]) des Ackerlandes durch die Brache für das Vieh nuzbar gemacht. Interessant ist, dass der Boden grossenteils nicht, wie man es in Gebirgen sonst gewohnt ist zu sehen, stark parzellirt erscheint, sondern im Gegenteil durch ein von der Regierung begünstigtes Höferecht[3]) zusammengehalten wird.

So wird also hier der grösste Teil des Unterhaltes, den der Ackerbau nicht gewähren kann, durch Produktion wertvollen Viehes ersezt; dazu kommt, wie wir unten sehen werden, eine lebhafte Industrie, und ferner darf man nicht vergessen, dass ungefähr die Hälfte der Fläche mit Wald bestanden ist, und dass auch dieser seinen erheblichen Beitrag zum Einkommen des Schwarzwälders liefert[4]), um so mehr, als ein grosser Teil des Forstlandes in den Händen der Hofbauern[5]) ist, und als die Lage zum Markt (Basel, Rheintal) bei der Flössbarkeit fast aller Bäche[6]) günstiger nicht gedacht werden kann.

28] Von den übrigen Gebirgen wird der Spessart, ähnlich wie der
38] Odenwald, mehr forst-[7]) als landwirtschaftlich[8]) ausgenuzt. Der
23] Vogelsberg ist uns interessant durch einen ausserordentlich starken Prozentsaz der Grasländereien, speziell der Wiesen[9]), welche sogar in einzelnen Feldmarken[10]) das Ackerland an Ausdehnung übertreffen. Die Folge davon ist ein starkes Hervortreten der Viehzucht, welche (mit industriellen Produkten, wovon unten) die Ausfuhr beherrscht, und Zurücktreten des Ackerbaus, der ohnehin, wie wir sahen[11]), mit grossen Schwierigkeiten zu kämpfen hat. So ist die Bevölkerung hier troz Klima und Bewaldung eine recht ansehnliche (Kreis Schotten 1817: 55).

Es bleiben nun noch die weiten ebenen Gebiete des badischen und württembergischen Franken, von Lothringen, die Schwäbische

---

[1]) Schönberg, Handb. II, 89 ff.; Beiträge XXIII, 20; Brandwirtschaft nach Büsching VII, 362.
[2]) 1878 BA. Neustadt 45, Waldkirch 57, Triberg 68°/₀ d. Ackerfeldes!
[3]) Schönberg, Handb. II, 214; D. GHt. Baden 897. Stattliche Höfe mit ca. 50 ha Acker- u. Wiesland, 80 ha Wald, 15—20 St. Rindvieh, Badenia II, 275. 280; Heunisch 659.
[4]) Heunisch 698. 703; Demian 120. 160. 184.
[5]) Vgl. Anm. 3. Vgl. auch Cotta I, 526. — [6]) D. GHt. Baden 532.
[7]) Pfister, Kl. Handb. d. Landeskunde v. Kurhessen. 2. Aufl. 1840. S. 37; Landau 600; Hassel V, 199. 206; Höck, Stat. u. Topogr. d. KFths. Hessen. 1822. S. 191.
[8]) In einigen Teilen d. Spessarts nur Brandwirtschaft. Bundschuh, Hessen n. s. neuest. phys. u. s. w. Verhältnissen. 1803. M. Nachtrag, 1804. S. 468; Landau 600.
[9]) 1878 nahmen ein °/₀ d. landw. benuzten Fläche:

Kreise	Wiese	Weide	Grasland
Schotten	36	9	45
Schlüchtern . . .	35	11	46

Der 1824 begonnene u. 1862 im Grossen u. Ganzen vollendete (Beiträge [Hessen] I, 103) grossherz. hess. Kataster hält leider die Wiesen und Weiden nicht auseinander.
[10]) z. B. Ober-Seemen 700 ha Ackerland, 900 ha Wiesen. Demian II, 839.
[11]) S. 32. 33.

Alb und Oberschwaben. Vieles ist diesen Landstrichen gemeinsam, Manches wieder lässt dieselben wirtschaftlich als eigenartige Gebilde erscheinen. Gemeinsam sind die wenig gefalteten, weiten Flächen, zum Landbau wie geschaffen, gemeinsam, aus diesem Grunde, das Zurücktreten des Waldes bis auf ¼ und weniger des Gesammtareals, gemeinsam endlich das durchaus ländliche und landwirtschaftliche Gepräge, das Fehlen von bedeutenderen Städten, und von anderweitigen Erwerbszweigen.

Verschieden stark ist die Bevölkerung; sie differirt von 30 bis zu 60 Seelen auf dem qkm (Oberamt Münsingen 32, Kanton Pange 57) [1]). Sehr verschieden die Verteilung der landwirtschaftlichen Kulturen: von 42] einem Mangel an natürlichem Grasland, wie im Bauland [2]) und unteren Tauberland [2]), weniger in Lothringen [2]), bis zum Ueberfluss, wie 35. 34. 43] im südlichen Franken [3]) und im Algäu [3]), ohne dass sich jedoch mit dieser Erscheinung die Stärke der Bevölkerung in Beziehung sezen liesse. Gemeinsam ist schliesslich die Tatsache, dass die Bevölkerung fast überall eine absolut nicht nur, sondern auch relativ geringe — verschieden aber sind die Ursachen davon.

Lothringen zeigt sich hier von einer ungünstigen Seite. Dank der selbstsüchtigen Finanzpolitik seiner Herzöge [4]) und geistlichen Machthaber schon früh allzu stark parzellirt [5]), andererseits in geistiger Hinsicht total vernachlässigt, weil von Frankreich stiefmütterlich behandelt [6]), ist das für einen kräftigen Landbau so trefflich veranlagte Land in einen wirtschaftlichen Zustand [7]) geraten, in welchem von einer vollständigen

---

[1]) Natürlich kann es sich hier nur um solche Bezirke handeln, welche über die Kurven von 20—60 nicht hinausgreifen.

[2]) Es nahmen ein % d. landw. benuzten Fläche:

Bezirke	Ackerland	Weinberge	Wiesen	Weiden
OA. Mergentheim . .	77	7,6	12	3
BA. Adelsheim . . .	89	0	9	2
Arr. Ch. Salins . . .	81	1,6	17	0
„ Metz	83	3,3	13	1
Kanton Pange . . .	85	1	13	1

Bei Ch. Salins u. Metz (n. Brämer a. a. O.) sind die Obstgärten zu den Wiesen, bei Ktn. Pange (n. Chastellux) die Gärten z. Ackerland u. gleichfalls die Obstgärten zu den Wiesen gerechnet.

[3])

Oberämter		Acker	Wiese	Weide
Franken	Gerabronn	65	30	5
	Hall	62	35	3
	Gaildorf	54	30	16
Algäu:	Wangen .	56	30	14

[4]) Auch die Herzöge v. Württemberg begünstigten die Parzellirung des Kron- u. d. Kirchengutes. Knaus in d. Deutschen Vierteljahrsschrift 1845 IV, 8.
[5]) Huhn 105 f. Auch starke Gemenglage. Wanderungen 20 f.
[6]) Vgl. Huhn 49 f.; Lang, Der Reg. Bezirk Lothringen. 1874. S. 69; Colchen, Mémoire stat. du dép. de la Moselle. An VI (1803). S. 114 f. 118 f.
[7]) „L'agriculture est donc encore ici dans l'enfance etc." Colchen 119. Auch Cannabich, Vollst. Handb. d. neuesten Erdbeschr. v. Frkr. 1820 (Gaspari u. And., Vollst. Handb. u. s. w., 2. Abth. II). S. 273. Noch nach 1870 waren in grosser Ausdehnung Gemeinweiden vorhanden. Wanderungen 20 f. 33.

Ausnuzung der Bodenkräfte auch für die damalige Zeit keine Rede sein konnte. Insbesondere fällt die lothringische Landwirtschaft durch einen sehr grossen [1]), aber qualitativ ungenügenden [2]) Pferdestand, andererseits durch eine unglaubliche Gleichgiltigkeit gegen die Rindviehzucht [3]) auf, deren Produkte doch im benachbarten Frankreich einen stets offenen Markt gefunden hätten — offen im Gegensaz zu den gegen die süddeutsche Rindviehzucht so oft aufgerichteten, dieselbe so schwer schädigenden Zollschranken. Dass sich troz den Nachteilen eines solchen Verhältnisses der Zug- und Nuztiere für Boden und Wirtschaft dasselbe bis heute [4]) halten konnte, liegt vielleicht, unter Anderem, daran, dass ein kräftiger Grossbauernstand, welcher landwirtschaftlichen Verbesserungen, vermöge seiner höheren Bildung und seiner Kapitalien, zugänglich gewesen wäre [5]), und an welchem ungünstige Jahre und Jahrzehnte hätten abprallen können [6]), dem Lande seit langer Zeit gefehlt zu haben scheint [7]).

Anders jenseits des Rheins. In den neuwürttembergischen und neubadischen Plateauflächen Frankens und Oberschwabens hat sich aus den reichsfürstlichen und reichsritterschaftlichen Feudalstätchen das gemeinsame Element des Hofbauerntums [8]) herübergerettet. Wir finden desshalb hier auf der einen Seite eine vortreffliche, kräftige Landwirtschaft: auf der Alb, namentlich der Ulmer Alb [9]), und noch mehr in Oberschwaben [10]) die ächte, auf Absaz produzirende [11]), mit

---

[1]) Im Depart. Moselle kamen n. d. 1. Agrarenquête v. 1836 ff. auf 100 E. 15, Dep. Meurthe gar 17 Pferde. Statistique de la France. Agriculture I. 1840. Tab. Nr. 58; Bevölk. v. 1836 nach Stat. de la France. Territ., population. 1837. Tab. Nr. 108.
[2]) Cannabich 273; Lang 64; Wanderungen 27.
[3]) 1836 Dep. Moselle 26, Meurthe nur 22%, Rindvieh, a. a. O.; Huhn 116. 121.
[4]) Huhn an mehr. St.
[5]) Vgl. Cannabich 273. Darauf deutet vielleicht auch Colchen 120 hin, wenn er sagt: „Les obstacles qui s'opposent à son (der Landwirtschaft) amélioration, sont presque de nature à se perpétuer etc."
[6]) Wie wenig Dies in der Folgezeit der Fall war, beweist die schwankende Bewegung der Bevölk. seit 1821, welche zuerst, unter d. Einfluss des n. d. langen Kriegsjahren überall eintretenden Aufschwungs, auch hier sich vermehrte, später aber den Krisen nicht Stand halten konnte. In den Arrondd. Ch. Salins u. Saarburg war nämlich die Bevölk. Dicht. in d. Jahren

1846:	1851:	1861:
65	69	57
70	68	62

und auch Metz (mit der Stadt Metz) hielt s. währ. dieser Jahre eben nur auf gleicher Höhe: 1836 und 1871 67 bzw. 68.
[7]) Huhn 106 erwähnt grössere Besizungen nur im Moseltal.
[8]) Vgl. über diese oftmals allbekannte Tatsache besonders Helferich in d. Zft. f. d. ges. Staatswiss. IX, 184—243. X, 123—67; Fallati daselbst II, 319—76; Kull, Württ. Jahrbb. 1881 I, 1—238.
[9]) Württ. Jahrbb. 1869, 164. Hier sizt n. Beschreibung d. OA. Ulm. 1836. S. 40 ein intelligenter, für Verbesserungen empfängl. Bauernstand. — Fraas 191 nennt die Alb als Kornkammer Schwabens.
[10]) Die drei stärksten Fruchtmärkte Württembergs, Riedlingen, Biberach, Ulm, also sämmtlich in Oberschwaben gelegen, hatten um 1847 jährlich e. Umsaz v. je 1 Mill. M. Württ. Jahrbb. 1847 II, 200.
[11]) Unt. And. Kull, Württ. Jahrbb. 1874 I, 72. Absaz n. d. Neckarland und n. d. Schweiz.

einem zahlreichen Pferdegespann [1]) arbeitende und von einem sehr reichlichen Rindviehstand [2]) unterstützte Körnerwirtschaft, in Franken (Bau- 42; 44. 45. 35; 34] land, Hohenlohe, Keuperberge), entsprechend der verschiedenen Ausdehnung des Graslandes [3]) ein mehr oder weniger starkes Hinneigen nach der (Mast-)Viehzucht [4]), in dem tausendfach gehügelten, von stehenden Wassern und saftigen Wiesen bedeckten [5]) 43] Schuttland [6]) des Algäu mit seinen Einödhöfen [7]) die halb alpine [8]) Viehwirtschaft [9]). Auf der anderen Seite aber lässt sich gerade auf dieses Vorherrschen grosser und mittlerer Bauerngüter die relative Schwäche der Volkszahl zurückführen. Denn nicht nur, dass ein peinlich intensiver Betrieb solchen behäbigen Bauern fern liegt [10]), es bringt die Unteilbarkeit [11]) der oft allzu grossen [12]) Höfe — sei es durch Zwang oder Sitte [13]) — die Schwierigkeit des Erwerbens von Land für die Tagelöhner, der Besizesstolz der Bauern selber mit Naturnotwendigkeit eine gezwungene und freiwillige Enthaltung von der Ehe und der Kinderzeugung mit sich [14]), welche die Bevölkerung auf einem niedrigen Stande zurückhalten muss [15]). Gegen Krisen sind dann allerdings solche Huf-

---

[1]) 1822 OA. Leutkirch 13, BA. Pfullendorf (1855) 15, OA. Waldsee 22%
Pferde. Württ. Jahrbb. 1830, Tab. S. 221 bzw. Beiträge (Baden) VI, Tab. IV.

[2]) 1822 OA. Riedlingen 59, Waldsee 82, Leutkirch 89%, a. a. O.

[3]) s. oben S. 43, Anm. 2 u. 3.

[4]) mit Ausfuhr n. d. Rhein u. n. Frankreich. Württ. Jahrbb. 1823, 463. Memminger 682; Hassel V, 114; Beiträge (Baden) VI, S. XVII; Demian (Baden) 222. — Unter 100 St. Rindvieh waren 1855, nach Beiträge (Baden) VI, Tab. VI, Mastochsen:

Schwarzwald 0,8
Ober-Rheintal 1,7
Rheintalebene . . . . . 2,6 (Max. ausser d. folgenden)
Neckarbergland u. Bauland 5,4.

[5]) Ausserdem noch starker Anbau v. Futterkräutern: 1852 OA. Tettnang 17, Wangen 19% d. Ackerfläche (Kleebau schon im vor. Jahrh. durch Oesterreich eingeführt). Württ. Jahrbb. 1852 II, Tab. L.

[6]) Fraas 196 f.

[7]) Seit Josef II, n. d. Vorbild d. Abtei Kempten. Deutsche Vierteljahrsschrift 1844 IV, 313; Moser, Die bäuerl. Lasten der Württemberger. 1832. S. 78.

[8]) System d. geregelten Feldgraswirtschaft. Württ. Jahrbb. 1852 II, 7; Fraas 197. Das Vieh vielfach z. Sömmerung auf die Alpen d. bairischen Algäu getrieben. Das Kgr. Württemberg. 1863. S. 445.

[9]) Aeusserst starker Viehstand: OA. Wangen 1822 96% Rindvieh, a. a. O.

[10]) In Oberschwaben rechneten es sich die Hofbauern z. Ehre an, möglichst viel Land brach liegen zu lassen. Memminger 304; auch Moser 24. Die ausgedehnten Wechsel- u. Brachfelder d. Rauhen Alb sind durch die klimat. Verhältnisse u. d. Quellenmangel wenn nicht geboten, so doch zu erklären.

[11]) Helferich a. a. O. 184; Fallati a. a. O. 338. 340; Moser 24; u. s. w. — Die Anerkennung d. Teilbarkeit durch die Regierung, für Neuwürttemberg, erfolgte 1817. Württ. Jahrbb. 1819, 19 ff.
25] [12]) z. B. auf der Alb. Fallati 340.

[13]) Vgl. Einleitung, S. 20.

[14]) Zweikindersystem d. Hofbauern. Vgl. Kull a. a. O. 229. Langjähr. Coelibat d. Besizenden u. d. Aermeren. Kull 151. 131.

[15]) Württ. Jahrbb. 1851, 125; u. s. w.

und Hofbauern-Bezirke besser gewappnet [1]), als andere, in denen Jedermann von der Hand in den Mund lebt.

---

5. Wenn in schwachbevölkerten, besonders Gebirgsgegenden **Industrie** betrieben wird, so geschieht Dies meistens aus zwei Gründen, die oft zusammenwirken. Erstlich kann es sich darum handeln, Rohprodukte oder Brennmaterial, die an Ort und Stelle sehr billig sind, durch den weiten Weg zum Markte aber beträchtlich verteuert werden, dergestalt zu verwerten, dass man ein transportfähiges Produkt an deren Stelle sezt. Hieher gehören beispielsweise die Eisenindustrie des Sauer-20. 47] landes, die Hüttenindustrie, Beide des billigen Brennmaterials wegen, und die verschiedenen Holzindustrieen, von den einfachsten Sägewerken an. Solche Industrieen können sowol die ganze Arbeitskraft des Arbeiters in Anspruch nehmen, als von Bauern nebenher betrieben werden (Sauerland, Schwarzwald).

Eine andere Art gewerblicher Tätigkeit tritt lediglich als Nebenbeschäftigung auf und hat den Zweck, die des harten Klimas wegen beim Landbau frei werdende Arbeitszeit des Landmanns auszufüllen. Aus diesem Gesichtspunkte sind zu erklären unter Anderen die Strohflechterei und teilweise wol die Uhrenindustrie des Schwarzwalds, die 25. 23] Leinenindustrie der Alb und des Vogelsberges, und wenn man will auch wieder die Osemundhämmer des Sauerlandes.

Es ist selbstverständlich, dass jede Tätigkeit, welche die Kaufkraft mehrt, entweder zu einer Verbesserung der Lebenshaltung oder zu einer Vergrösserung der Volkszahl führt. Meistens wird das Letztere eintreten, schon desshalb, weil, leicht und leicht erlernbar wie die hausindustrielle Nebenbeschäftigung gewöhnlich ist, das heranwachsende Geschlecht bald durch Arbeit sich nüzlich machen kann. Dabei ist nicht zu vergessen, dass vor einem halben Jahrhundert die Hausindustrie noch nicht von der Massenproduktion der Fabriken derartig eingeengt war, wie heutzutage, dass vielmehr gerade Gebirgsländer durch die Billigkeit der Wohnungen und der Heizung [2]) für den Konkurrenzkampf gut ausgerüstet waren, besonders wenn, wie meistens der Fall, die gewerbliche Tätigkeit eben nur einen Nebenverdienst schaffen sollte.

Nun lässt sich freilich direkt eine Vermehrung der Bevölkerung in Folge von hausindustrieller oder sonstiger gewerblicher Beschäftigung nicht ziffernmässig nachweisen; vermuten aber kann und muss man eine solche für mehrere der rheinischen Gebirge. Sicherlich hat beispielsweise die berühmte Eisenindustrie des westfälischen Sauerlandes auf die Volkszahl erhöhend eingewirkt. Denn wir haben es hier mit einem Gewerbe zu tun, in welchem nicht unbedeutende Kapitalien angelegt

---

[1]) Dichtigkeit in den Jahren:

	1846	1855
OA. Leutkirch	48	48
„ Münsingen	39	40
„ Biberach	57	59
„ Waldsee	44	47

Dagegen vgl. oben Lothringen.

[2]) Vgl. Cotta 526.

sind (Oefen und Hämmer!) und welches derart mit der Bevölkerung verwachsen ist, dass fast jeder sauerländische Bauer zugleich ein gelernter Hammerschmied ist. Den Charakter einer Nebenbeschäftigung hat diese Industrie desshalb, weil die vielen über das Land verbreiteten Osemundhämmer [1]) nicht von ständigen Arbeitern bedient werden, sondern Gewerkschaften von Bauern gehören, welch Leztere abwechselnd für eigene Rechnung dort arbeiten [2]).

Ganz anderer Art sind die übrigen nicht als Hauptberuf betriebenen Industrieen. Ob man die Leinwandindustrie der Rauhen Alb vollständig hieher rechnen kann, ist zweifelhaft, da scheinbar wenigstens die Weberei auch berufsmässig [3]) betrieben wurde; jedenfalls war aber die Spinnerei ganz und Jene teilweise ein Geschäft, das dem Bauer [4]) und seiner Familie Gelegenheit gab, die überflüssige Zeit gewinnbringend anzuwenden. Ganz ebenso auch auf dem Vogelsberg [5]), wo die an den langen, über die kalendergemässe Zeit weit hinausreichenden Winterabenden [6]) gesponnenen und gewobenen Produkte einen erheblichen Teil der Ausfuhr bildeten [7]). Denselben Dienst leistete die Baumwolle auf den südlichen Ausläufern des Schwarzwaldes [8]), die Schuhmacherei auf dem Heuberg, dem westlichsten Teil des Juraplateaus, die Granatschleiferei im Harmersbacher Tal [9]) unweit Offenburg, u. s. w.

Endlich die berühmte Schwarzwälder Industrie. Bezüglich der Strohflechterei kann über die Art des Betriebes kein Zweifel sein: sie war Nebenbeschäftigung und wegen der Leichtigkeit der Arbeit vorzüglich geeignet, besonders von Frauen und Kindern besorgt zu werden. So kann es denn nicht verwundern, wenn wir hören, dass in dem einzigen Amt Triberg 1750 Personen [10]), also nahezu 20 % der Bevölkerung mit der Strohflechterei beschäftigt waren. Wie viele Zeit sie darauf verwandten und wie gross die produzirten Werte waren, ist freilich nicht ersichtlich. — In welchem Umfange aber die Uhrenindustrie als Nebenbeschäftigung zur Anwendung kam, ob nicht wenigstens die Gehäuse und leichteren Arbeiten auf diesem Wege hergestellt wurden, das lassen die Quellen unaufgeklärt. Zweifellos war jedenfalls das eigentliche Uhrwerk ein Produkt berufsmässiger Arbeit, waren die zahlreichen Personen, welche die Verpackung und den Vertrieb (im Umherziehen) besorgten, das ganze Jahr über oder doch in der guten Jahreszeit darin tätig. Die Zahlen, welche die Bedeutung der Uhrenindustrie dartun, sind gross genug, um eine fühlbare Verstärkung der

---

[1]) Kreis Olpe 1798: etwa 100. Hassel III, 440. — [2]) Hassel III, 438.
[3]) Wenn nach der Gewerbezählung v. 1832 (Württ. Jahrbb. 1832, 161) im Oberamt Münsingen 619 Leinewebermeister und 249 Gesellen erwähnt werden (darunter in Laichingen allein 109 bzw. 26), so ist man versucht, Dieselben für wirkliche Handwerker und nicht für Bauern zu halten, welche etwa nur am Abend u. im Winter am Webstuhl sizen.
[4]) „In vielen Gegenden spinnen Männer und Weiber" und „fast jeder Bauer auch ein Weber". Memminger 345 f.
[5]) Demian II, 239; Wagner III, 208. 303.
[6]) Vgl. Wagner IV, 52. — [7]) Wagner III, 313.
[8]) Ende des lezten Jahrhunderts von sanblasianischen Aebten eingeführt. Beiträge XXIII, 22; Hassel V, 73. Nach Demian 21 allerdings darniederliegend.
[9]) Hassel V, 57; Demian 116. — [10]) Demian 23.

Bevölkerung für die hauptsächlich beteiligten Bezirke, Bezirksamt Triberg und Umgegend, vermuten zu lassen; denn 700 Uhrmacher, 200 Nebenarbeiter und 600 Händler werden als beschäftigte, augenscheinlich zum grössten Teil berufsmässig arbeitende [1]) Personen angegeben. Diese Uhrenindustrie, noch als Hausindustrie betrieben, leitet uns hinüber zu den eigentlichen berufsmässigen und nicht im eigenen Hause arbeitenden Gewerben, denen wir Bergbau und Hüttenwesen beifügen. Das Gewerbe als veredelnde Arbeit im weitesten Sinne aufgefasst, gehört hieher auch die Herstellung aller Waldprodukte, von der einfachen Zerkleinerung des Holzes bis zur Köhlerei und Pottaschesiederei; in den hier in Frage kommenden Gebieten (mit Ausnahme etwa des 28] Spessarts) ist aber der Landwirtschaft immerhin ein so grosser Spielraum überlassen, dass es nicht zu unterscheiden ist, ob und inwieweit jene Waldarbeiten daneben als Erwerbszweig von Wichtigkeit sind.

Die Urproduktion des Bergbaus dagegen mit dem Verhüttungsprozess [2]) bildet für manche Gebirgsgegenden eine wertvolle Unterstützung. Eisenerzlager finden sich in fast allen Gebirgsgegenden in grösserer oder geringerer Menge und Abbauwürdigkeit, sie sind insbesondere überall 19; 30. 31] auf der Eifel [3]) zu finden, auf dem Hunsrückplateau, vornehmlich an den Rändern der demselben aufgesetzten Ketten [4]), ferner rechts des Rheins bekanntlich besonders im Siegen'schen [5]), 47. 51. 29] auf dem Westerwald [6]), an der Dill [7]) u. s. w. Die reichen Lager in den Plateaus links der Mosel [8]) fallen z. T. hierher; ausserdem 24] Gruben in dem Grenzgebirge zwischen Haardt und Vogesen [9]), 48] an den beiden Enden der Schwäbischen Alb (Heuberg [10]), Härt- 52] feld [11]), Leztere die Hütten am Kocher speisend). Doch tritt Süddeutschland bedeutend gegen das Schiefergebirge zurück.

Erkennbaren Einfluss auf die Stärke der Bevölkerung haben Bergbau und Hüttenwesen indessen nur an wenigen Stellen. Zunächst im nördlichen Teil der Eifel. Hier konzentrirt sich innerhalb der Grenzen 19 b. 54] des Kreises Schleiden eine starke Förderung von Blei

---

[1]) Demian 23. BA. Triberg allein n. Hassel V, 61 500 Uhrmacher. Ob die Angabe des Produktenwertes, 700.000 M., nicht hinter der Wirklichkeit zurückbleibt? Eine Kontrole war jedenfalls schwierig. Bis z. J. 1872 wäre demnach der Umsaz auf das 25fache gestiegen; es werden für dieses Jahr angegeben: 1,8 Mill. Uhren im Werte von 18 Mill. Mark! Die Befürchtung Cotta's (I, 526), dass die zunehmende Bevölkerung, Hand in Hand mit der Verteuerung der Lebensmittel und des Heizungsmaterials der Industrie schaden könne, wäre dadurch glänzend widerlegt.

[2]) Leider sind die benuzten Quellen selten in der Lage, Ziffern geben zu können. Meistens werden nur im topogr. Teil vorkommenden Falls Bergwerke und Hütten aufgeführt, ohne dass der Leser über Umfang und Wichtigkeit derselben Etwas erfährt.

[3]) Vgl. Hassel III, 503 ff., an vielen Stellen.

[4]) Hassel III, 508. 526; Becker 755 f.

[5]) Hieber gehört die Stahlindustrie v. Freudenberg. Büsching VI, 275. 277; Hassel III, 443.

[6]) Büsching VI, 344 ff.; Hassel III, 443. 498 ff.; Demian (Nassau) 23.

[7]) Demian (Nassau) 238 ff.; Vogel 455 f.; Hassel III, 500. Dagegen scheint die Verhüttung anderswo, wahrscheinlich im Siegen'schen stattzufinden.

[8]) Moyeuvre. Huhn 261. 819. Ob schon 1820 betrieben? — [9]) Vgl. S. 49.

[10]) Memminger 889; Hassel V, 689. 694; Johler 171. — [11]) Memminger 883.

und Eisen, Dieses mit einer Arbeiterzahl von 800[1]), und Jenes von 600 Mann in einem Produktionswert von 4—5 Mill. Mark[2]) dargestellt. Diese Zahlen lassen sich in der Dichtigkeitsziffer von Schleiden (36)[3]) wol erkennen; denn trozdem das landwirtschaftlich benuzte Terrain nur 62 % einnimmt, und davon fast die Hälfte Weideland ist, treffen wir doch auf eine Bevölkerung, welche der des Kreises Bitburg mit starkem und nicht undankbarem Ackerbau (vgl. oben S. 32. 35. 40) gleichkommt. —
28] Aehnlich wird auch der Spessart durch die im Biebergrund zahlreich betriebenen Eisengruben des Zechsteins und die an Ort und Stelle stattfindende Verhüttung belebt[4]); die Wasserkräfte des Talbaches und der Ueberfluss an Holz erleichtern diese Tätigkeit. Endlich ist es noch
24] ein Walddistrikt Süddeutschlands, der südlichste Teil der Haardt, in welchem das Eisen, neben einem kümmerlichen Ackerbau und Beschäftigung im Walde, als Erwerbsquelle stark hervortritt; von der Moder bis zum Saarbach haben zahlreiche Hütten zur Ausbeutung des Holzvorrates ihren Standort gefunden[5]), und nur allein im Kanton Niederbronn, d. h. im unteren Teil jener Gebirgstäler, sollen 1000 Personen[6]) dem Eisengewerbe ihren Unterhalt verdanken.

Auch die Produktion von Steinkohlen beginnt sich schon zu regen. Ein Gebiet kommt hier allerdings nur in Frage; aber welch ein schneidender Gegensaz zu heutigen Verhältnissen, dass überhaupt als Kohlendistrikt ein schwachbevölkertes Gebiet in Frage kommt!
56] Auch heute noch dehnt sich von Saarbrücken nach Nordost und
57] nach Südwest ein waldiger Strich; aber es ist kein einsamer, stiller Forst mehr: ein Wald von Schloten, ein Meer von Häusern[7]), zwischen welchen zahlreiche Schienenstränge sich durchwinden, da und dort Kohlenbahnen nach links und rechts abzweigend[8]). Vor 60 Jahren war Das anders[9]). Steinkohlengruben waren allerdings rings herum im Betrieb[10]), die ergiebigsten im Winkel von St. Ingbert[11]), auf bairischem Boden; aber ihre Produktion, damals auf bairischer Seite verhältnismässig stärker als auf preussischer[12]), erreichte diesseits noch nicht den hundertsten Teil

---

[1]) In 169 Gruben, nach Demian, Statistisch-polit. Ansichten u. Bemerkk. a. e. Reise durch e. Theil d. neuen preuss. Provv. am Nieder- u. Mittelrhein. 1815. S. 48. Wie es scheint also ohne die Hüttenarbt.
[2]) Bleiberg v. Commern. Zahlen auf 1806 bezüglich, nach französ. Quelle. Demian 48; v. Restorff, Topogr.-statist. Beschreib. d. Preuss. Rheinprovinzen. 1830. S. 113.
[3]) 1880: 56. — [4]) Hassel V, 499; Pfister 37; Landau 43. 600.
[5]) Cannabich 265. 278; Aufschlager II, 191; Frey IV, 245 f. 258; Becker 577.
[6]) Aufschlager II, 438. — [7]) Dudweiler 1860: 10.691, Sulzbach 10.986 E.
[8]) Vgl. Karte des Deutschen Reiches. M. 1 : 100.000, Blatt 555 St. Wendel, 570 Saarbrücken.
[9]) Die preuss. Generalstabskarte (Blatt St. Wendel, 1851) zeigt einen geschlossenen Wald, innerhalb dessen in den gegen die Saar und nach Neunkirchen hin verlaufenden Tälern einige wenige Dörfer mit geringem Acker- und Wiesenareal eingezwängt sind, so in Sulzbachtal und dessen nördlicher Fortsezung, auf einer Strecke von 25 km, nur 3 geschloss. Häusergruppen.
[10]) Besonders im Köllertal (Tal von Püttlingen), Hassel III, 528. 531.
[11]) Vgl. Frey IV, 91.
[12]) Um 1815 Kreis Saarbrücken 40.000 t. Hassel III, 530; 1823/4 im bair. Saargebiet 20.000 t für 240.000 M., durch 250 Arbeiter gefördert. Kolb, Statist.-topogr. Schilderung von Rheinbayern. 2 Thle. 1831, 1833. I, 125.

der heutigen [1]), und im Umfange des Saarbrücken - Neunkirchner
56] Waldes wurden noch nicht zehn Werke [2]) genannt, auch diese
scheinbar von geringerer Bedeutung (Glashütten, Drahtzüge), da Arbeiter-
oder Produktionsziffern nicht angeführt werden. Im Forbach-Lauterbacher
57] Wald, wo heute gleichfalls die Kohlenförderung [3]) einen ansehnlichen
Umfang erreicht hat [4]), werden gar keine Bergwerke erwähnt.
An einigen Stellen endlich finden wir gewerbsmässig betriebene
Industrie (im engeren Sinne). Auf der linken Seite des Rheins können
31] wir die Achatschleiferei des Birkenfeld'schen [5]) nur beiläufig
erwähnen, und auch die später so grossartige [6]) Glasindustrie des
58] Bitscher Landes, in grossen Anstalten betrieben [7]), beherrschte
damals noch keinen grösseren Umkreis. In einigen kleineren Tälern
39. 59] der eigentlichen Vogesen, welche, sollte die Uebersichtlichkeit
gewahrt bleiben, wegen ihrer geringen Ausdehnung beim Zeichnen der
Kurven ignorirt werden mussten, hat wie in den grösseren besonders die
Textilindustrie ihren Siz aufgeschlagen, gleichfalls wie dort in grossem
Massstabe betrieben [8]).
Und endlich jenseits des Rheins die sauerländische Eisenindustrie. Wir müssen Dieselbe hier abermals anführen, weil sie nach
Westen und Norden an Wichtigkeit zunimmt und in der Lüden-
20. 47] scheider und Altenaer Gegend mehr und mehr zum Haupt-
erwerbszweig wird [9]). Hier ist damals das Land, „wo der Märker Eisen
reckt". Aber noch ist die Bevölkerung gering. Da die Industrie, wie
wir schon oben für einen Zweig derselben, die Osemundhämmer, kon-
statirten, zum grossen Teil als Kleingewerbe betrieben wird, so ist die
Bildung von Städten als Industriezentren fast ganz unterblieben; nur
Altena erhebt sich in dem ganzen weiten Gebiet über 2000 E. [10]).
Ueberhaupt fällt die grossartige Entwicklung der Grafschaft Mark erst
in's 19. Jahrhundert [11]), wo sie unter dem Zeichen der Steinkohle statt-

---

[1]) Die Produktion wird in d. Monatsheften z. Stat. d. Dt. Reichs (1885, X)
für die preuss. Reg. Bezirke nicht mitgeteilt (nur f. d. Provinzen). Aus d. Zahl
d. Arbeiter, welche 1884 f. d. RB. Trier mit 26.128 angegeben werden, lässt sich
auf e. Förderung v. jährlich 4½ Mill. t schliessen. Die Pfalz förderte mit 1079
Arb. 188.000, Elsass-Lothr. m. 3211 Arb. 595.000 t. Bei allen diesen Zahlen ist
eigentlich nur d. Saarkohlenbecken beteiligt.
[2]) Hassel III, 530; Frey IV, 91.
[3]) Kl. Rosseln, Karlingen, vgl. Huhn 378. 401.
[4]) s. Anm. 1.
[5]) Nach Hassel V, 570 20 Schleifmühlen in Oberstein u. im Idartal, deren
Prod. 2—250.000 M. repräsentirte; nach Kohli II², 171 200 Arbeiter im Idartal.
Vgl. auch Becker 747 ff.
[6]) Nach 1871 4000 Arb. Huhn 139.
[7]) Zusammen 1801 mit 450 Arb. (nach Cannabich 277 f. in 8 Fabriken), wovon
230 in 1 Etabliss. (Münzthal—St. Louis). Colchen 188 f. Götzenbrück besteht
seit 1718. Huhn 416.
[8]) Tal von Barr. Aufschlager II, 191; von Rappoltsweiler. Cannabich 299;
Aufschlager II, 10.
[9]) Vgl. schon Büsching VI, 74; Hassel III, 439.
[10]) 1819: 3406 E. Altena ist der Stapelort für das sauerländ. Eisen, welches
hier meist zu Draht verarbeitet wird, auch Dieses noch in kleinem Massstabe,
indem 100 Drahtzüge für die kleine Stadt erwähnt werden. Hassel III, 439.
[11]) Kreis Altena 1819: 41, 1880: 100 E. a. d. qkm.

findet, während der westliche Nachbar, das Herzogtum Berg, wie wir sehen werden, schon mit einer stattlichen Bevölkerung in's eiserne Jahrhundert eintritt.

III.
Mittelstark bevölkerte Gebiete (60—100).

Hatten wir es im Vorigen fast durchaus mit Gebirgen oder hochgelegenen Ebenen zu tun, so steigen wir jezt in die Täler herab. Wenige nur und wenig ausgedehnte Gebiete mit stärkerer Bevölkerung halten sich in gebirgigen Regionen, so an der oberen Saar, im pfälzischen Gebirge, in der schwäbischen Baar, im oberen Herzogtum Berg, im Siegen'schen, vor Allem aber bemerkenswert der Hohe Westerwald. Schon die Baar ist mehr als ein Tal zwischen Schwarzwald und Jura aufzufassen, die Nied, Saar, Albe und Blies sind bestimmend für die lothringischen Gebiete, Nahe und Glan mit ihren Seitenbächen für die hintere Pfalz; in Siegen, am Bodensee drängt sich die Bevölkerung in den Tälern, die hohe Lage von Gäu und Neckarbergland wird durch treffliche Bodenverhältnisse ausgeglichen.

Der Schwerpunkt der mittelstarken Bevölkerung liegt aber in der Tiefebene. Die äusserste Spize des Rheinlandes: das Kleve'sche mit den Nachbargebieten gehört hieher, der gleiche Dichtigkeitston überzieht den Rand der westfälischen Bucht und füllt die Kölnische zum grössten Teil. Das Mainzer Becken und die Wetterau als Ausläufer der grossen oberrheinischen Tiefebene, endlich diese selber in weiten Partieen, der oberen Hälfte besonders, bilden den Schluss.

1. Entsprechend der im Allgemeinen geringeren Meereshöhe dieser Gebiete büsst nunmehr der **klimatische Faktor** an seiner Wichtigkeit ein, er wird zu einer sekundären Grösse, deren Bedeutung ausserdem oft nur im negativen Sinne zu verspüren ist, da, wo durch die Wirkungen des Klimas der vollen Entfaltung der Fähigkeiten des Bodens ein Riegel geschoben wird. Es sind zum grösseren Teil Ausnahmefälle dieser Art, welche uns hier kurz beschäftigen müssen.

Lokale Einflüsse machen sich vielfach geltend. Da von den höchsten Partieen der rheinischen Erhebungssysteme allein der Hohe Westerwald hieher gehört, so ist es auch dieser allein, welcher ein selbständiges Klima hat; bei den übrigen mittelstark bevölkerten Gebieten spricht die Lage zu jenen Gebirgen ein gewichtiges Wort mit.

Der Westerwald, durch keine ebenbürtige Höhe geschüzt, nach Nordwesten offen, bietet den durch die Kölner Bucht heranstürmenden Winden ein willkommenes Feld: Wind und riesiger Schneefall, Nebel und Feuchtigkeit[1]), von denen die zahlreichen Moore[2]) und nassen Wiesen Zeugnis ablegen, beherrschen den Charakter des Klimas. Noch an einer anderen Stelle bringt die hohe[3]) und exponirte Lage dieselbe Wirkung hervor, auf jenen Plateaus zu beiden Seiten der Rems, welche man als Welzheimer[4]) Wald und Schurwald[5]) bezeichnet findet. Der Sundgau dagegen, obgleich ebenfalls hoch ansteigend, — Passhöhe der burgundischen Pforte 348, Pfirt 613 m — partizipirt wol an dem milderen Klima der Rheinebene, wie die Gebiete im Südosten an demjenigen des Bodensees, diese ausserdem durch die Abdachung nach Süden und die Einsenkung der Täler begünstigt.

Durch die vorliegende Wand des Schwarzwalds wird gleichfalls das Klima der angrenzenden Trias- und Juraterrassen des Neckarlandes wenn nicht bestimmt, so doch beeinflusst. Freilich schützt der Schwarzwald nicht gegen eine sehr empfindliche Winterkälte und niedrige Jahrestemperatur[6]); man kann jedoch vermuten, dass die schädliche Wirkung der westlichen Winde und übermässiger Feuchtigkeit durch denselben gemildert wird[7]).

Dies sind die wenigen wichtigeren Gebiete, deren Höhe in grösserer Erstreckung über 300 m hinausgeht; was unter dieser Grenze liegt, kann als klimatisch begünstigt angenommen werden. So insbesondere die Gegenden am Niederrhein, an der Nahe und der Saar, in der Rheinebene, und das Neckarbergland.

2. Beim Hinabsteigen in tiefere Regionen sehen wir die Schichtenböden den postpliocänen **Böden** mehr und mehr Plaz einräumen. Die Natur der Ackerkrume verändert sich mit dem Ueberwiegen der Lezteren räumlich immer rascher, von Gewann zu Gewann, sie lässt sich allgemein nur noch durch Bezeichnungen wie sandig, feucht u. s. w. fixiren, die mehr den Geologen und den Landwirt angehen[8]). Rein

---

[1]) Vogel 56. 698. Daniel, Handb. d. Geogr. Bd. III u. IV: Deutschland. 5. bzw. 4. Aufl. 1878, 1874. III, 362. Baarfrost, welcher das Wintergetreide zerstört. Vogel 56.
[2]) Kutzen, Das Deutsche Land. 3. Aufl., 1880. S. 284; Vogel 46; Demian (Nassau) 24.
[3]) Welzheim 498, Berg Hohenstaufen 682 m.
[4]) Beschreib. d. OA. Welzheim. 1845. S. 21. — [5]) Fraas 211.
[6]) S. S. 90, Anm. 11. Erst im Gäu, zwischen dem nach Nordost umbiegenden Neckar und der unteren Enz sinken die Plateaus unter 500 m herab: Herrenberg 459, Heimsheim 412 m.
[7]) Man vgl. dagegen die tiefer liegenden Bundsandsteinplateaus des elsässischlothring. Grenzlandes. S. 30. 31.
[8]) Den Geographen interessirt ja nur das Resultat der Zusammensezung der Krume, ob und wie ertragreich, ob zur Erzeugung gewisser Pflanzen, wie der Waldbäume, des Weinstocks besonders geeignet oder überhaupt anderweitig nicht benuzbar. Aus Bezeichnungen wie „sandiger Boden" u. s. w. lässt sich übrigens bekanntlich auf die Produktivität noch kein Schluss ziehen.

äusserliche Merkmale, welche, wie wir oben sahen, besonders in Gebirgen oft genug die Art der Pflanzendecke und indirekt die Stärke der Bevölkerung diktiren, treten zurück: nirgends wird ein Abschwemmen von Dammerde, die Unmöglichkeit des Pflügens wegen felsigen Untergrundes erwähnt. Dagegen kommt in der Nässe des Bodens ein Element hinzu, welches an einigen Stellen nicht ohne Einwirkung auf die Volkszahl geblieben ist.

60] Im Westerwald nämlich, wo der Bau des Wintergetreides fast unmöglich [1]), begünstigen die sehr reichlichen Niederschläge in Verbindung mit der wenig durchlässigen Natur der Schichten [2]) einesteils eine üppige Graswüchsigkeit [3]), andernteils verhindern sie nicht eine rasche Entwicklung der Vegetation im Frühjahr [4]), so dass der schädliche Einfluss des Klimas zum Teil wieder wett gemacht wird. In diesem Falle ist die Feuchtigkeit des Bodens also augenscheinlich ein förderndes Element.

67] An einer Stelle der Rheinebene jedoch, im Flussgebiet der Rench drängt die gleiche, hier von einem noch zu Römerzeiten bestehenden See [5]) herrührende Nässe [6]), indem sie das Ackerland übermässig einschränkt [7]), die Bevölkerung auf einen niedrigeren Stand zurück. Eigentliche Moore finden sich auf dem Westerwald, mehrfach am Niederrhein [8]), und, als Zeugen einstiger grösserer Ausdehnung des Boden-
64. 73] sees, im Hegau.

Sandige Strecken, welche dem übrigen Boden nachstehen, erscheinen mehrfach auf Flächen, deren Ablagerung auf Grund diluvialer Meeresbedeckung erfolgt ist. So ziehen sich parallel dem Niederrhein dünenartige Hügelzüge [9]) und tritt überhaupt mit zunehmender Erhebung des Terrains sandiger Boden auf [10]), welcher meist Wald oder Heiden trägt. Nur an wenigen Stellen zwar ist die Ausdehnung dieser sandigen Striche so gross, dass es sich verlohnte, dieselben durch eine Kurve auszuzeichnen
68. 12. 69] (wie beim Duisburger Wald, zu beiden Seiten der Lippe u. s. w.); indessen summiren sie sich, mit den oben erwähnten moorigen, doch zu nicht unbeträchtlichen Flächengrössen, welche der tätigen bäuerlichen Bevölkerung als Arbeitsfeld entzogen sind. Aehnlich in einigen
70] Teilen der oberrheinischen Tiefebene: im sogenannten Ried zwischen
71] Main und Rhein [11]), weiter südlich in der Karlsruher Gegend, welche selber teilweise noch vor Kurzem mit Wald bestanden war [12]),
72] wie es scheint auch in der Ill-Rhein-Ebene [13]).

Grösser ist die Zahl der fruchtbaren Böden. Ich erwähne speziell einige vulkanische Verwitterungsböden, welche teils sich gegen ein rauhes Klima besonders widerstandsfähig erweisen, wie die Basaltverwitterungen

---

[1]) S. 52, Anm. 1. — [2]) Demian 24; Vogel 46.
[3]) Freilich auch Moore. Vogel 46. — [4]) Vogel 56.
[5]) Mone, Urgeschichte d. bad. Landes. 2 Bde. 1845. I, 234.
[6]) Beiträge XI, 2. — [7]) Vgl. unten Landwirtschaft, S. 60.
[8]) Schwerz II, 11; Viebahn I, 140. — [9]) Ville 188, Kleverberg 115 m.
[10]) Schwerz II, 10; Viebahn I, 140.
[11]) Büsching VII, 152; Demian, Hessen I, 40. Sogar Flugsand, welchen man durch Wald festzuhalten sucht. Walther 72. Vgl. oben S. 26.
[12]) Bader, Das bad. Land u. Volk. Bd. I u. II. 1853. 1856. II, 2; Büsching VII, 507.
[13]) Vgl. Schwerz, Beschreib. d. Landwirthschaft im Nieder-Elsass. 1816. S. 5. 7.

des Westerwaldes[1]), teils gegen ihre Umgebung besonders abstechen, 74] wie die Tuff- und Bimsteinböden des Maifeldes[2]) westlich von Koblenz.

Sonst treten die Schichtenböden, wie bereits erwähnt, zurück, um in weiter Erstreckung Lehm- und Lössböden Plaz zu machen. Allen 37. 75. 76] diesen Böden, auf den Triasterrassen am Ostrande des 66] Schwarzwalds[3]), sowie im Neckarbergland, in dem Mainzer 77. 78] Becken und der Wetterau, den vom Soonwald abge-79. 80] schwemmten, den Nahewinkel ausfüllenden Lössmassen[4]) den 81] Böden eines Teils des nordöstlichen Lothringen, welche als die besten des, wie wir wissen, nicht unbegünstigten Landes aufgeführt werden[5]) — allen diesen und noch anderen wissen die Gewährsmänner ihre vorzüglichen Eigenschaften nachzurühmen, so dass wir uns die meisten der in dieser Dichtigkeitsgruppe vereinigten Landstriche in grossem Umfange als zum Landbau trefflich veranlagt vorzustellen haben. Nur auf zwei in der niederrheinischen Ebene vorkommende, in ihrer Zusammensezung und Verwendung jedoch diametral verschiedene Böden sei noch aufmerksam gemacht. Der eine, den holländischen und friesischen Marschen ähnlich, in bis 10 km breitem Streifen dem Rheine, besonders am linken Ufer folgend, ein ausgezeichneter Schlickboden[6]), durch die Ueberschwemmungen oder wenigstens das Grundwasser des Stromes in seinem Ertrage bedingt, deshalb besonders als Grasland[7] 82] verwendet. Der andere gehört dem Hellweg an, jenem flachen Höhenzuge, welchen er durch seine vielgerühmte Fruchtbarkeit zur Kornkammer der industriellen Grafschaft Mark macht[8]).

---

3. In dem Begriff einer stärkeren Bevölkerung liegt a priori, wenn nicht ganz aussergewöhnliche Umstände vorliegen (Kreis Lennep!)[1]) die Notwendigkeit eines starken Zurücktretens derjenigen Arten der Pflanzendecke, welche auf die Volksdichtigkeit ungünstig einwirken. Oben, bei der Betrachtung schwachbevölkerter Gebiete, konnten wir öfter den direkten Zusammenhang der Dichtigkeit und der landwirtschaftlich bearbeiteten Fläche konstatiren, da wir es dort mit weit ausgedehnten, geographisch einheitlichen Oberflächenformen zu tun hatten, deren einzelne Bestandteile, mit Verwaltungsbezirken zusammenfallend, leicht vergleichbar waren. Je mehr wir uns aber dichtbevölkerten Gebieten nähern, um so kleiner werden die mit dem gleichen Ton überzogenen Flächen, um so seltener die Fälle, in denen die Verwaltungs-

---

[1]) Vogel 53. — [2]) Meitzen II, 292; Schwerz (Rheinland-Westfalen) II, 189.
[3]) Oberes Strohgäu, Beschreib. d. OA. Leonberg. 1852. S. 13; Oberes Gäu, Beschreib. d. OA. Herrenberg. 1855. S. 13. 16; Oberer Neckar, Beschreib. d. OA. Oberndorf. 1868. S. 89.
[4]) Meitzen I, 293.
[5]) Kreis Bolchen (Gebiet der Nied). Huhn 346. Breite Zone von Mergel im Flussgebiet der Albe (mündet bei Saarbuckenheim). Wanderungen 6.
[6]) Schwerz II, 9. 12; Meitzen I, 290. — [7]) Vgl. unten Landwirtschaft, S. 59.
[8]) Schwerz I, 251 ff.; Viebahn I, 10; Zft. d. kgl. preuss. stat. Bureaus VI, 165.
[9]) S. Abschn. V.

bezirke nicht in benachbarte Dichtigkeitskurven hinüberreichen, so dass
Vergleiche selten möglich, oder nur mit Vorsicht anzustellen sind.
Häufig muss daher auf Verhältniszahlen verzichtet werden, und statt
derselben das Studium der topographischen Karte und ihrer Kulturen
als Aushilfe eintreten.

Von den der Volksdichtigkeit entgegenwirkenden Formen der
Pflanzendecke findet sich der Wald überall, da es überall Stellen gibt,
welche wegen der Natur des Bodens oder dem Bedürfnis des Menschen
zulieb mit Waldbäumen bepflanzt werden müssen. Zwar wurde in der
Ausscheidung von Waldkomplexen und der Zuteilung derselben an
eigene Dichtigkeitskurven naturgemäss weitergegangen als auf den
weiten Flächen der schwachbevölkerten Gebirge (Rheinebene — Eifel);
trozdem verschwindet der Wald nicht ganz aus den stärker bevölkerten
Strichen.

Ein seltener Gast werden aber die Weiden. Klimatische Rücksichten zwingen ja nirgends, dieselben, etwa auf Kosten des Ackerlandes
auszudehnen, oder weil die Wiederbewaldung schwierig und kostspielig
ist. Sie erscheinen vielmehr jezt als die Reste der früheren Gemeinweiden, welche man aus Bequemlichkeit noch beibehält, als unwillkommene
Hindernisse einer stärkeren Bevölkerung. Wo wir noch einen grösseren
Prozentsaz derselben finden, mag oft ihre Qualität eine derartige sein,
dass man sie eher den Wiesen zurechnen könnte, wie Dies jedenfalls
83. 84] bei den Fettweiden des Niederrheins, der Ruhr und der Lippe
der Fall ist, welche sich mit dem Begriff der Eifel- oder Albweide
nichts weniger als decken. Sonst nehmen die Weiden nirgends mehr
als 40 % der Gesammtfläche ein, Grund genug, statt wie bisher dieselben eine eigene Rubrik bilden zu lassen, sie künftig dem landwirtschaftlich bearbeiteten Areal beizuzählen.

Zum Einzelnen übergehend, stossen wir nur an Einer Stelle auf
eine zwischen den waldigen Gebirgen und den waldarmen Tallandschaften
vermittelnde Verteilung von landwirtschaftlich benuztem und unbenuztem
Terrain. Wie der Uebergang von schwach zu mittelstark und sehr dicht
85] angesessener Bevölkerung im Bergischen ein zwar energisch, aber
doch allmälig erfolgender ist, so bewegt sich auch der Prozentsaz der
Waldbedeckung in — freilich nicht ganz entsprechender — absteigender
Linie. Nicht, dass dieser Faktor der ursächliche wäre — als solchen
werden wir vielmehr die Industrie kennen lernen; ausserdem wäre ja
seine Wirkung eine recht unregelmässige — aber man muss demselben
doch eine symptomartige Bedeutung zuerkennen. Es war nämlich die
Waldbedeckung in Prozenten der Gesammtfläche:

Kreis Olpe . . . . 65 die Dichtigkeit 1819: 39
„ Gummersbach . 48 „ „ „ 73
„ Lennep . . . 44 „ „ „ 147
„ Solingen . . . 17 „ „ „ 151.

Weniger ausgedehntes, doch immer noch $1/4$ bis $1/8$ der Oberfläche
einnehmendes Waldland,

Maximum Kreis Geldern 24, Minimum Kreis Mörs 12 %,

das hier teilweise, zusammenhängend mit dem Hofsystem, in zahllose
Parzellen zerstreut ist, finden wir am Niederrhein, in Kleve, Geldern

und Mörs. Wenn trozdem die Bevölkerung beispielsweise im Neckarbergland, wo wir eine ähnliche Verteilung der Kulturen finden,
BA. Sinsheim 25, Eppingen 22 % Wald,
zahlreicher ist, so mag Dies besonders darin seinen Grund haben, dass
am Niederrhein das landwirtschaftlich bebaute Gebiet, wie wir sahen,
durch weite Flächen geringeren Ertrages, als Heide, Moor, nasse Wiesen
eingeschränkt erscheint. Ganz die gleichen Verhältnisse, wie die Rhein-
landschaft, zeigt der an der Emscher und Lippe sich hinziehende
Streifen. Um so schärfer hebt sich daneben der von Wald ganz ent-
blösste, eintörmige Hügelzug des Hellweg ab; gegen die Ruhr
hin (Ardey, Haar) wieder grösserer Waldflächen.

Den grössten Gegensaz aber zu dem bunten Kleve'schen Terrainbild zeigen die monotonen Ebenen des Jülich'schen und
Kölnischen Landes, wozu noch die Rheinebene des
rechten Ufers tritt. Wo hier Wald vorhanden, schliesst er sich in
grösseren Stücken, wie auf der Ville, bei Jülich, scharf von
dem umliegenden Lande ab, dasselbe vollständig dem landwirtschaftlichen
Betriebe überlassend. Die stärkere Bevölkerung am Rhein und im mittleren Jülich kann wesentlich dieser unbeschränkten Herrschaft des landwirtschaftlich benuzten Areals zugeschrieben werden.

Noch an anderen Stellen kann man die Verteilung der Kulturen
für die Stärke der Bevölkerung verantwortlich machen. So ergibt sich
für die uns schon bekannten Trias- und Juraterrassen des östlichen
Fusses des Schwarzwalds eine verschieden starke Bevölkerung in nord-
südlicher Reihenfolge. Die Gäulandschaften ernähren, bei mittelstarker
Bewaldung, bis zu 25 % der Oberfläche:

OA. Herrenberg (z. T. im Schönbuch) 28, OA. Horb 24 %,

mehr Bevölkerung als die klimatisch doch schon ungünstiger gestellten
und stärker bewaldeten Striche am obern Neckar (OA. Oberndorf,
z. T. im Schwarzwald, 32 % Wald); steigen wir aber noch höher hinauf, so sezt der tiefere Dichtigkeitston wieder ein, und zwar begleitet
und verursacht von einem starken Ueberhandnehmen des landwirtschaftlich benuzten Areals, bis zu gänzlichem Verschwinden des Waldes.

Der Hohe Westerwald würde die in Anbetracht der Ungunst
des Klimas beträchtliche Bevölkerung nicht erreichen, wenn nicht die
Waldbedeckung relativ spärlich wäre, wie ein Vergleich mit den weit
tiefer liegenden nördlichen Teilen des Gebirges zeigt. Es betrug
nämlich das landwirtschaftlich benuzte Areal 1878[1]:

Kreis Altenkirchen 41 %, die Dichtigkeit 1819: 44,
Oberwesterwaldkreis 66 %, „ „ „ 65.

Möglich ist schliesslich auch, dass die geringere Bevölkerung der
ehemaligen österreichischen Landvogtei am Bodensee, gegenüber
dem Hegau ihren Grund teilweise in der stärkeren Bewaldung hat,

---

[1]) Die landwirtschaftlich benuzte Fläche auf dem Hohen Westerwald erscheint
noch grösser, wenn wir die Aufnahmen in denjenigen ehemals nassauischen
Aemtern zu Rate ziehen, welche genauer mit der Dichtigkeitskurve von 60—80
zusammenfallen; es ergibt sich nämlich für Amt Meudt 71, Rennerod 71, Marienberg sogar 82 %, landwirtschaftlich benuzte Fläche. Vogel Tab. S. 440 f.

welche dort ausser den vielen Höhenrücken insbesondere auch fast die ganze Bodenseeebene, den Unterlauf von Schussen und Argen für sich in Anspruch nimmt.

Ausser den verschiedenen Landstrichen am Niederrhein, welche wir schon oben, im Anschluss an die Kleve'sche Niederung, betrachteten, finden sich endlich auch am Mittelrhein einige Gegenden, in welchen Waldbedeckung nur noch sporadisch vorkommt. Es sind dies einige ebene Flächen von sehr alter Kultur und vortrefflichem Boden, welche das Bedürfnis der zahlreichen Bevölkerung wol schon lange ganz dem Landbau dienstbar gemacht hat, nämlich besonders die Wetterau und Rheinhessen:

78]
77]

      Rheinhessen . . . . . . 5 % Wald,
      Kreis Oppenheim . . . . 2 „   „
      Amt Reichelsheim (Wetterau) 0 „   „

Nur die flachen Hügelrücken im östlichen Teile der Wetterau und sandige Partieen westlich von Mainz tragen noch Reste der ehemaligen Waldbedeckung. Die Bevölkerung streift desshalb nahe an die 100 auf dem qkm — Kreis Mainz [1]) 90, Alzey 96, Oppenheim 99.

Auch in der eigentlichen Rheinebene tritt der Wald an vielen Stellen ganz zurück, während er an anderen, wie z. B. in dem schon besprochenen ehemaligen Seegebiet von Bühl und in der sumpfigen Gegend rechts von der unteren Ill in zahlreichen kleinen Parzellen vertreten ist. Die Verteilung von Wald und landwirtschaftlich benutztem Boden ist indessen zu unregelmässig, auch sind die Verwaltungsbezirke für unseren Zweck zu ungünstig eingeteilt, als dass wir hier aus der Gestaltung der Pflanzendecke für die Stärke der Bevölkerung Kapital schlagen könnten.

67]
72]

---

4. Einwirkungen der **landwirtschaftlichen Verhältnisse** auf die Stärke der Bevölkerung, wie wir sie bei schwachbevölkerten Gebieten oft und leicht konstatiren konnten, verschwinden zwar bei zunehmender Dichtigkeit nicht, sind aber aus dem Grunde schwerer erkennbar, weil die Gegensäze sich nicht mehr geradezu aufdrängen. Denn es fehlen hier jene weiten Gebirge und Hochflächen, welche klimatisch so sehr von den Tallandschaften sich unterscheiden und desshalb unter ganz anderen Bedingungen in den wirtschaftlichen Wettkampf eintreten. Während wir daher dort an dem einem Orte die Landbevölkerung ihre ganze Tätigkeit auf die Ausnuzung der Grasländereien für den Viehstand konzentriren sahen, dessen Produkte allein einen Geldertrag der Wirtschaft zuführten, konnten wir an anderen Stellen beobachten, wie die Viehzucht neben dem Ackerbau total vernachlässigt wird. Daraus ergaben sich oft Anhaltspunkte für die Erklärung der Volkszahl.

In den stärker bevölkerten Gebieten sind solche Extreme nur noch seltene Ausnahme. Es liegt Das erstens darin, dass in den niedriger

---

[1]) Ohne **Mainz** und die Gemeinden des rechten Rheinufers. — Jahr 1820, reduzirt von Januar 1817.

liegenden Talgegenden dem Klima ein grosser Teil seiner exklusiven Wirksamkeit entzogen ist. Und zweitens möchte ich als ausgleichendes Element das Intellekt des Landwirts in die Wagschale legen, in dem Sinne, als die anwachsende Bevölkerung Denselben zwingt, seine Wirtschaft auf möglichst zweckmässige Weise einzurichten, beispielsweise also, wo die Natur ihm natürlichen Graswuchs in genügender Ausdehnung versagt hat, nicht die Tierhaltung unökonomisch einzuschränken, sondern dieselbe durch Futterbau zu stüzen.

Bei der vermittelnden Stellung, welche die mittelstark bevölkerten Gegenden einnehmen, wird es sich empfehlen, zunächst da nachzusehen, wo noch das Klima in erster Linie die Kulturen beeinflusst. Dies ist 60] beim Westerwald der Fall. Während der Ackerbau aus klimatischen Gründen[1]) nur in beschränktem Masse betrieben werden kann, verlangt ausserdem, wie im benachbarten Sauerland, der Bedarf der Viehzucht für einen Teil der Aecker eine Betriebsart[2]), welche dem ständigen Grasland noch weiteres Weideterrain zufügt. Dadurch wird das Grasland, auf den höheren Flächen des Gebirges, zum dominirenden Faktor; schon ohne jene periodische Weide ist das Verhältnis der landwirtschaftlichen Kulturen, auf 100 ha:

Bezirke	Aecker	Wiesen	Weide	Zusammen: Grasland
Oberwesterwaldkreis .	57	28	15	43
Amt Meudt . . .	65	24	11	35
„ Marienberg . .	57	29	14	43
„ Rennerod . .	54	29	17	46

Da ferner der Graswuchs ein vorzüglicher[3]), das Rindvieh nicht nur an Zahl sehr stark[4]):

Amt Rennerod 75, Meudt 80, Marienberg 101 %
(dagegen Amt Marienberg Pferde 1,6, Schafe 0,5 %),

sondern auch von trefflicher Rasse[5]), so ist es erklärlich, dass die Bevölkerung zu einer so beträchtlichen Höhe anwachsen konnte[6]). — Im 95. 96] Siegener Land ist der Prozentsaz des Graslandes gleichfalls ein ausserordentlich hoher: Wiese 37, Weide 7 % der landwirtschaftlich benuzten Fläche (Kreis Siegen). Aber hier sind es nicht rein klimatische, sondern mehr Gründe der Zweckmässigkeit, welche zu dieser Verteilung der Kulturen geführt haben. Die hohe Dungkraft des Wassers nämlich und das Bedürfnis der schon früh zahlreichen Bevölkerung nach genügendem Futter für die zum Eisentransport notwendigen Zugtiere mussten der Landwirtschaft diesen Weg weisen, da ohnehin der Absaz des Eisens

---

[1]) Vgl. oben S. 52. — [2]) Vogel 442.
[3]) Büsching VII, 318; Schwerz (Rheinland-Westfalen) I, 437; Vogel 698. Sogar Heuausfuhr, Vogel 442.
[4]) Demian im spez. Teile. — [5]) Vogel 448; Schwerz I, 437.
[6]) Allerdings zeigt s. auch hier wieder — wie wir schon früher für Gegenden mit vorwiegender Graswirtschaft hervorhoben — die Erscheinung eines geringen Zuwachses im Verlaufe des Jahrhunderts:
Oberwesterwaldkreis 1821: 65, 1880: 78 E. a. d. qkm.

die Verproviantirung der Bevölkerung sicherstellte, soweit der Bedarf nicht aus den eigenen Aeckern gedeckt werden konnte. Desshalb wird auch augenscheinlich auf den Ackerbau wenig Gewicht gelegt[1]), um so mehr bekanntlich auf die Behandlung der Talwiesen[2]), deren Ertrag für die Hüttenindustrie und somit für die Bevölkerung von so grosser Wichtigkeit ist.

Weniger das Klima, als die Bodenbeschaffenheit hat fast überall den natürlichen Standort der Wiesen vorgeschrieben. Wo nun die Grundwasser oder zeitweilige Ueberschwemmungen eine den Durchschnitt, gegen das Ackerland, übersteigende Ausdehnung der Wiesen und Fettweiden bedingen, da muss sich natürlich die Landwirtschaft den gegebenen Verhältnissen anpassen. Die Niederungen der Flüsse, wenn sie mit denselben in gleichem Niveau liegen, wie Dies besonders bei den ehemaligen Flussarmen der Fall ist, bieten dafür zahlreiche Belege. Am Kleve'schen Niederrhein erwähnten wir bereits den angeschwemmten fetten Schlickboden; hier lernen wir ihn kennen als Träger ausgezeichneter Fettweiden, und als Grundlage einer eigenartigen Landwirtschaft, welche das Hauptgewicht auf die Viehzucht legt und diese nach holländischem Muster betreibt[3]). Die niederländische Landwirtschaft scheint auch sonst, ausserhalb der Regionen des Schlickbodens, dem Kleve'schen Bauer ein rühmliches Vorbild gewesen zu sein, insbesondere was intelligenten und fleissigen Betrieb[4]) anlangt, und Schwerz, der sonst so kritische Kenner, welcher überdies zuvor Belgien bereist hatte, weiss den Landwirt des Niederrheins nicht genug zu rühmen. So findet man hier nicht nur das Hofsystem, das für die Landwirtschaft in technischer Hinsicht zuträglichste, stark verbreitet, sondern auch ausserdem noch die Wiesen und Felder häufig eingefriedigt, Gelegenheit für jeden Bauer, seinen Bedarf an Holz selber zu produziren[5]), wie es in Belgien geschieht. Es muss demnach auffallen, dass die Bevölkerung troz dieser günstigen Bedingungen nicht stärker ist. Einmal mag Dies (von den vielen Heiden, Mooren u. s. w. abgesehen) daran liegen, dass, wie Viebahn[6]) beglaubigt, die Teilung des Grunderbes möglichst vermieden wird, sodann ist nicht undenkbar, dass, ebenfalls nach Holländer Art, die Lebensansprüche verhältnismässig gross sind[7]).

Wie sich im Kleve'schen bei genauem Betrachten der Karte die lokale Verteilung der Bevölkerung so zu gestalten scheint, dass in den Marschgegenden die Dichtigkeit nicht so gross ist als in lediglich agrikolen Partieen des Binnenlandes (ohne dass freilich eine graphische Scheidung ausführbar schien), so lässt sich ein Zusammenhang zwischen einem hohen Prozentsaz des Ackerlandes und der Stärke der Bevölkerung für einige

---

[1]) Hassel III, 443. Auf den Höhen Haubergswirtschaft mit 18jähr. Umtrieb. Meitzen I, 298.
[2]) Vgl. üb. d. Siegener Wiesenbau bes. John im Archiv f. Landeskunde d. preuss. Mon. I, 189—98.
[3]) Viebahn I, 11. 142. Oft Höfe von ⅔ Wiesen und ⅓ Ackerland. Schwerz II, 18.
[4]) Büsching VI, 31 f.; Viebahn I, 145; Schwerz II, 55.
[5]) Vgl. Viebahn I, 24. — [6]) I, 139.
[7]) Wenigstens wird verschiedentlich von Reinlichkeit, Behäbigkeit der Wohnhäuser gesprochen. „Alles Wohlstand und Sauberkeit". Schwerz II, 6.

Teile der Rheinebene bestimmter feststellen. Die Grasländereien, welche hier meistens den ehemaligen Rheinarmen und den in weiter Ausdehnung vorhandenen früheren Inundationsgebieten der Nebenbäche folgen, haben oft, ihrer Entstehung gemäss, noch heute sumpfigen Charakter, sind also in diesem Falle nicht als vollwertige Wiesen anzuerkennen. Da nun gerade hier am Rhein, an den ältesten Sizen deutscher Kultur, der Landbau auf einer hohen Stufe schon seit langer Zeit angelangt ist, und Handelsgewächse aller Art[1], Futterkräuterbau, Gemüse[2]), bei reichlicher Düngerproduktion auch der vielen Städte, eine starke Ausnuzung des Bodens erlauben, so muss eine das Bedürfnis übersteigende, das ertragreiche Ackerfeld zurückdrängende Ausdehnung zumal nicht das Maximum des Ertrages liefernder Wiesenflächen auf die Stärke der Bevölkerung einen hemmenden Einfluss ausüben. Man halte z. B. die Rhein-Mainebene, wo im westlichen Teil[3]) ehemals der Neckar mündete, und auch im östlichen Teil die Wiesen sehr weit verbreitet sind, den Ackerflächen von Schwetzingen gegenüber, oder die sumpfige Ebene westlich von Bühl der Rastatt-Karlsruher Mark (wo allerdings die Wiesen auch nicht fehlen, aber ihren Zweck besser erfüllen[4])); auch die Ebenen südlich und nördlich vom Kaiserstuhl, rechts und links der unteren Ill können mit einander verglichen werden.

[70]
[97]
[67]
[71]
[98. 99]
[72. 100]

In Lothringen ist es das intellektuelle Moment, welches in gerade entgegengesezter Richtung wirkt. Man erinnert sich, dass bei der Betrachtung des westlichen Teils der lothringischen Trias im vorigen Abschnitt die sehr geringe Intelligenz des landwirtschaftlichen Betriebes mit der argen Vernachlässigung der Viehzucht in Beziehung gesezt wurde. In der Tat sehen wir hier, je weiter wir nach Osten vorgehen, besonders im Gebiete der Saar und ihrer Nebenflüsse, obschon die Waldbedeckung zunimmt, mit der grösseren Ausdehnung[5]) und der besseren Behandlung[6]) des Wieslandes auch die Bevölkerung wachsen.

[101. 81]

Dass man auch bei einem niedrigen Prozentsaz der Wiesen und sogar bei entschiedenem Mangel an solchen eine gute Wirtschaft führen kann, so dass die Stärke der Bevölkerung nicht nur nicht darunter leidet, sondern sogar — freilich nur bei intelligenterem Betrieb als in dem Französisch redenden Lothringen — eine recht starke ist, das haben wir bereits beiläufig für gewisse Teile der Rheinebene konstatirt, können wir indess noch mit anderen Beispielen belegen. Zwar der klassische

---

[1]) Tabak bei Schwetzingen u. Bruchsal (Demian an v. St.), an der unt. Ill (Aufschlager II an v. St.; Cannabich 289. 297), Hopfen bes. im pfälz. Teil d. bad. Rheinebene (Heunisch 754. 769; auch topogr. Karte), Hanf in d. Gegend d. Hanauer Landes (Demian, Hassel V, Heunisch an v. St.), u. rechts d. unt. Ill (Aufschlager II, 322).
[2]) Bes. im Ried, westl. v. Darmstadt. Bundschuh 89. 545; Demian (Hessen) II, 55 ff.; Wagner I, 321.
[3]) Hier im Ried auch, was sonst in d. Rheineb. recht selten, grosse Güter. Walther 57. 113.
[4]) BA. Bühl . . . . . 41 %, Grasland (d. landw. ben. Fläche) u. 40 %, Rindvieh, dagegen „ Karlsruhe Land 25 „ ” ” ” ” 41 „ ”
[5]) Ktn. Saaralben (Kataster) 25, Kreis Saarburg (1878) 25 %, Grasland. An der Saar grosse Wiesen, bis zu 2 km Breite.
[6]) Wanderungen 25; Huhn 432.

Typus dafür, das nördliche Herzogtum Jülich, fällt nicht in den Rahmen dieses Abschnittes; doch finden sich in jenen weiten Ebenen der Kölner Bucht noch andere lediglich dem Pflug[1]) unterworfene und trozdem stark, wenn gleich nicht so stark bevölkerte Flächen wie die Gegenden von Erkelenz und Grevenbroich. Es sind dies dieselben Partieen, welche wir schon oben als sehr schwach oder gar nicht bewaldet ange- 88. 87] führt haben, die Ebenen zwischen Roer und Erft, zwischen Erft 90. 89. 91. 92] und Rhein, und auf der rechten Seite des Stromes. Allen Diesen kommt natürlich die Nähe reichbevölkerter Industriebezirke 88. 87] und grosser Städte zu gute; im Jülich'schen speziell und durch das gute Beispiel gewiss auch am Rhein hat ausserdem die ehemalige pfälzische Regierung bei Zeiten für die Ausbreitung des Kleebaus gesorgt[2]), ohne welchen ja eine so blühende Landwirtschaft nicht denkbar 82] wäre. Vollständig Ackerland ist allerdings auch der Hellweg, die berühmte Kornkammer der Grafschaft Mark; an dem nördlichen Rande 84] desselben, jenseits der Dörfer- und Städtereihe, zieht sich aber ein Kranz von Wiesen und Weiden, deren Benuzung den Anbau von Futterkräutern unnötig macht und den ganzen Hellweg für die Kornfrüchte[3]) reservirt.

Trozdem also unter besonders günstigen Umständen ein landwirtschaftlicher Betrieb auch ohne natürlichen Graswuchs bestehen kann, versteht es sich doch von selbst, dass ein entsprechendes[4]) Verhältnis von Ackerland und Wiesen das Vorteilhafteste für die Landwirtschaft und für die Bevölkerung sein muss. Ein solches Verhältnis kann man 78] z. B. in der Wetterau[5]) beobachten, wo die trefflichste Absazgelegenheit mit gutem Boden und intelligentem Betrieb zusammentrifft, und ganz naturgemäss die Bevölkerung gegen den Markt hin zunimmt, entsprechend den vermehrten Anforderungen, welche an die Landwirtschaft gestellt werden, und welchen diese in ihrem eigenen Interesse genügt.

Gleicherweise sind die Kornkammern des Neckarlandes[6]), jene oft erwähnten, weit ausgedehnten zwar, aber doch in so manchen Punkten übereinstimmenden Trias- und Juraterrassen längs dem Ostrande 37. 75. 76] des Schwarzwalds durch die klimatischen und Bodenverhältnisse[7]) für den Getreidebau veranlagt, ohne dass — im grossen Ganzen — wegen Mangels an Wiesen[8]) ein erheblicher Teil des Ackerlandes der Produktion auf den Export entzogen zu werden braucht[9]).

---

[1]) Bis dicht an die Wälle von Köln, welchem merkwürdigerweise (vgl. topogr. Karte, 1 : 80.000, ca. 1840) ganz jene gartenmässig bebaute und mit halbstädtischen Dörfern bedeckte Umgebung fehlt, wie sie für grosse Städte so charakteristisch ist. Militärische Gesichtspunkte haben hier wol die naturgemässe wirtschaftliche Entwicklung hintangehalten.
[2]) v. Lengerke, Landwirtschaftl. Statistik d. dt. Bundesstaaten. 2 Bde. 1840, 41. II, 2. Abt., 289. — [3]) Vgl. Büsching VI, 623; Hassel III, 434.
[4]) Es liegt auf der Hand, dass, je vorgeschrittener der Betrieb, um so weniger Grasland nötig ist, um eine gegebene Stückzahl Vieh zu unterhalten.
[5]) Amt Reichelsheim (n. Vogel Tab. S. 440 f.) 80 %, Acker, 20 %, Grasland, Kr. Friedberg 87 und 13 %.
[6]) D. Kgr. Württ. I, 325. — [7]) Vgl. f. d. Baar Badenia I, 435 f.
87a] [8]) Die wenigsten Wiesen finden sich im nordwestl. Teil d. Strohgäus u. in 76] der Baar. Dagegen hat OA. Horb . . . . 85 %, Acker, 15 %, Gras,
„ Oberndorf 79 „ „ 23 „ „
[9]) Wenn wir hier von allen Seiten die Intelligenz und Emsigkeit des Be-

Zu denjenigen mittelstark bevölkerten Gebieten, welche troz dem Mangel an Wiesen Rheinhessen 6, Kreis Oppenheim 5 %, BA. Sinsheim 9, BA. Eppingen 9 % d. landw. Areals durch die Gunst anderer Umstände eine treffliche Landwirtschaft[1]) besizen und eine zahlreiche Bevölkerung tragen, hätten wir vor allen Dingen 77. 66] Rheinhessen, auch das Neckarbergland rechnen müssen. Es tritt hier aber ein weiteres Moment hinzu, dessen Wirksamkeit so gewichtig ist, dass jenes Fehlen natürlicher Grasländereien in seinen Konsequenzen vollständig verschleiert wird. Nämlich der Weinbau. Mit Rheinhessen insbesondere treten wir in die Reihe jener gesegneten Landstriche ein, deren Bevölkerung zu einem grossen Teil auf der Kultur des Weinstocks beruht. Rheinhessen steht auch bereits, wie wir oben (S. 57) bemerkten, nahe an der Grenze der 100 E. a. d. qkm, während das Neckarbergland (Bezirksämter Eppingen und Sinsheim je 87) noch weiter davon entfernt ist[2]). Dass der östliche Teil des Mainzer Beckens diese 100 noch nicht überschritten hat[3]), ist merkwürdig genug, da alles Mögliche zusammentrifft, um eine ausgezeichnete Landwirtschaft und sehr starke Bevölkerung hier erstehen zu lassen. Nicht nur, dass der Boden in seiner leichtgewellten Form zum Ackerbau vorzüglich geeignet, dass, wie wir oben sahen, die hindernde Waldbedeckung fast null ist, dass von dem landwirtschaftlich benuzten Areal bis 9 %[4]) (Kreis Oppen-

---

triebes rühmen hören (Beschr. d. OA. Leonberg 37; OA. Oberndorf 89; Memminger 586 f.), wenn der zahlreichen Bevölk. wol auch ausdrücklich Wohlstand nachgesagt wird (z. B. in einzelnen Gäuorten, Memminger 586), und wenn wir schliesslich in der Zeit der allg. Prosperität nach den zwanziger Jahren gerade hier eine besonders starke Zunahme der Volkszahl wahrnehmen, so befremdet es um so mehr, zu sehen, dass dieser Aufschwung ein unnatürlicher war, und nach den schweren Krisen um die Mitte d. Jahrhunderts ein starker Rückschlag eintritt, welcher die Bevölkerung plözlich und nachhaltig tief herabdrückt.

OAemter bzw. BAemter	1821 bzw. 1818	1846	1852	1855	1880
Leonberg	86	102	102	97	109
Herrenberg	93	114	96	90	103
Nagold	79	100	89	85	92
Horb	103	127	110	105	109
Oberndorf	68	95	86	78	94
Rottweil	57	96	91	84	94
Spaichingen	83	95	86	79	80
Villingen	43 } 45	48 } 54	47 } 52	67 } 64
Donaueschingen	47	60	56	61

[1]) Der Viehstand in Rheinhessen an Zahl allerdings gering, 1828: 5 %, Pferde, 23 %, Rindvieh (Wagner II), aber v. vorzügl. Rasse (Becker 802; Kolb I, 51) u. grossem Kapitalwert (n. Walther 106 in Rheinhessen 12 Mill. M., dagegen in d. viel bevölkerteren u. auf Rindviehzucht strichweise angewiesenen (vgl. S. 42) ganz Oberhessen nur 16 Mill. M.).
[2]) abgesehen v. dem nicht in d. Rahmen dieses Abschnitts gehörigen Teil: BA. Bretten 107 E. a. d. qkm.
[3]) dagegen Kreis Bingen 1820: 114, Worms 116 (ohne Stadt: 101).
[4] Rheinhessen im Ganzen 7 %. Produktion nach Demian I, 58 in den Jahren

heim) von Reben bedeckt sind; auch was das direkte Eingreifen des Landwirts selber betrifft, so ist jede Bedingung eines intensiven Betriebes gegeben: der sprichwörtliche Fleiss des pfälzischen Bauern, die vollständige Freiheit von Grundlasten, ein schon frühzeitiges förderndes Eingreifen der ehemaligen pfälzischen Regierung[1]), unter deren Szepter der grösste Teil des Landes gehörte, dazu die Absazverhältnisse[2]) — kurz die Voraussezungen einer starken Bevölkerung sind die denkbar günstigsten. Ob nun die Leiden der langen Kriege, welche hier besonders empfindlich gefühlt werden mussten (Mainz Hauptwaffenplaz der Franzosen im Kampfe gegen die östlichen Mächte), noch nicht vollständig überwunden waren, ob vielleicht der Grundbesiz gerade desshalb allzu stark verschuldet war, um die Bevölkerung aufatmen zu lassen, oder ob andere Gründe dieselbe noch[3]) darniederhielten, wage ich nicht zu entscheiden, da die Literatur genügende Anhaltspunkte nicht gibt.

Das Neckarbergland bleibt troz seinem stellenweise — BA. Sinsheim, Eppingen 4 % Weinberge (des landwirtschaftlichen Areals) — nicht unbeträchtlichen Weinbau doch ein überwiegend ackerbautreibendes Land, das zu Bemerkungen weiter keinen Anlass gibt[4]).

Endlich findet sich Weinbau in einer Ausdehnung, welche gross genug ist, um die Bevölkerung merkbar zu vermehren, an der unteren 80; 65. 64] Nahe und in deren Seitentälern, und am Bodensee, 64a] besonders auf der grossen Halbinsel:
OA. Tettnang 1,6; BA. Konstanz 4,5 % d. landw. ben. Fläche.

---

5. Die Stärke der Bevölkerung auf gewerbliche oder montane Tätigkeit zurückzuführen, haben wir diesmal wenig Gelegenheit. Wol aber an manchen Orten eine Aufgabe negativer Art, darauf hinzuweisen nämlich, wie vor sechs und sieben Jahrzehnten in gewissen Gegenden Industrie und Volkszahl nur ein kleiner Bruchteil von Dem waren, was sie heute dort sind.

Schon im vorigen Abschnitt ist uns ein solcher Bezirk vorgekommen; 56] aber wie viel wichtiger als das Saarbecken ist das Ruhrkohlen- 84. 82a. 82] revier, und was für Veränderungen sind nördlich der Ruhr seit zwei Menschenaltern vor sich gegangen! Halten wir nur einige Tatsachen einander gegenüber: auf der einen Seite ein paar stille, acker-

---

1810—1820 jährlich ca. 200.000 hl, also bei einem Durchschnittspreis von 25 M.: 5 Mill. M., von 50 M.: 10 Mill. M. jährl. Rohertrag!

[1]) Vgl. Bodmann 87; v. Lengerke II, 2. Abt., 289.

[2]) Der Gau von Alzey u. Kirchheimbolanden galt f. die Kornkammer der Rheinpfalz. Becker 67.

[3]) Rheinhessen hat rasch und energisch nachgeholt, was versäumt war, und steht heute in einer fast doppelt so starken Bevölkerung da, als es 1820 hatte:
1820: 123, 1846: 164, 1855: 164, 1880: 202.
Auch hier ist, wie man sieht, die Krisis nicht ohne Nachwirkung vorübergegangen.

[4]) Es mag indessen hervorgehoben werden, dass die schon recht starke Bevölkerung im Laufe des Jahrhunderts in geringem Masse zwar, aber regelmässig gewachsen ist. 1880 hatte BA. Eppingen 107, Sinsheim 108, Bretten 114 E. auf dem qkm.

bauende[1]) Landstädtchen mit zwei- bis fünftausend Einwohnern[2]), Borbeck, Altendorf, Altenessen zerstreute ländliche Bauerschaften, Oberhausen gar nur ein einsames Schloss mit einem Eisenhammer[3]), zwischen Essen und der Rheinstrasse, der Ruhr und den westfälischen Heiden eine einzige Chaussee[4]) schnurgerade durch die Felder gelegt. Und heute: Bochum 33.000, Essen 57.000, Dortmund 67.000 Einwohner stark, Oberhausen der Brennpunkt des gesammten Schienennezes mit drei Bahnhöfen und, auf einem Duzend Zweiglinien, einem Güterverkehr von vielen Millionen Tonnen die anderen Orte, mit 10—20.000 Einwohnern, schwerer in der Wagschale des öffentlichen Lebens wiegend als so viele alte süddeutsche Reichsstädte mit tausend- und zweitausendjähriger Geschichte. Was diese ganze Umgestaltung hervorgerufen hat, die Kohlenförderung, hält sich um 1820 noch in recht bescheidenen Grenzen[5]). Büsching erwähnt (in der 7. Auflage, 1790)[6]) Steinkohlengruben bei Essen und bei Rellinghausen (5 km südwestlich von Essen), ferner in Westfalen zu Aplerbeck (8 km ostsüdöstlich von Dortmund); Hassel[7] nennt solche bei Essen, Werden, Mülheim[8]), ferner gleichfalls Aplerbeck, ausserdem die Gegend zwischen Hörde und dem Ardey, von denen er die leztgenannten Gruben für die reichhaltigsten erklärt. — Wie in den meisten alten Städten hat sich überdies in Essen, Bochum und Dortmund besonders Tuchindustrie[9]) erhalten, ohne indess irgendwie hervorzuragen, und endlich schiebt die Eisenindustrie der südlichen Grafschaft Mark (Hagen, Iserlohn u. s. w.) einige Vorposten auch über die Ruhr hinüber, so dass Hassel[7]) in der Lage ist, für Essen, Bochum, Dortmund, Hörde einige Tätigkeit in Eisenwaaren[10]) zu notiren. Das ist Alles, und wenn wir zu unserem Erstaunen noch hören, dass die „Fabrikatur" des Kreises Bochum erst südlich der Ruhr anfange[11]), dass die Industrie des Kreises Dortmund „nicht von Bedeutung" sei[12]), dass in Dortmund selber jeder Bürger ein Ackermann[1]),

---

[1]) In Dortmund „alle Bürger Ackerleute"! Büsching VI, 506.
[2]) 1819: Essen 4751, Dortmund 4453, Bochum 2122, Hörde 1132, Wattenscheid 941 E.
[3]) Noch auf Blatt Schwelm d. rheinländisch-westfäl. Generalstabskarte, ohne Jahreszahl (Anfang der vierziger Jahre).
[4]) Bochum-Essen-Ruhrort.
[5]) Folgende Zahlen liegen mir vor:
Grafschaft Mark 1787 . . . . 500.000 t*
„ „ 1799 . . . . 600.000 t**
Westfalen um 1815 . . . . 1¼ Mill. t***
RB. Düsseldorf 1830 . . . . 1¾ Mill. t****
Ruhrkohlengebiet 1830 . . . . 2,9 Mill. t*****
* Hocker, Die Grossindustrie Rheinlands u. Westfalens. 1867. S. 174. — ** Hassel III, 387. — *** Hassel III, 50. — **** Viebahn I, 155.
[6]) VI, 259. 82. Viebahn I, 155 erwähnt f. d. Ende d. 18. Jahrh. in der Abtei Essen 28, Abtei Werden 46, Herrschaft Broich 7 Zechen; als Produktionswerte gibt er f. A. Essen 400.000, A. Werden 300.000 M. an.
[7]) III, 431. 433. 462 f.
[8]) „ein wahrer Schatz für den Kreis" (Essen), woraus man eher auf die Benuzung der Kohle zum Hausgebrauch als zu technischen Zwecken schliessen möchte.
[9]) Büsching VI, 259; Hassel III, 462 f. 432—434.
[10]) Ausserdem existirt bereits seit d. 18. Jahrht. das später so grossartige Eisenwerk zu Sterkrade nördl. v. Oberhausen (1886: 350 Arbeiter. Viebahn I, 156).
[11]) Hassel III, 434. — [12]) Hassel III, 432.

und wenn wir ferner vermuten können, dass von diesen paar Industriezweigen ein grosser Teil, bei der Liebhaberei der Bevölkerung für Nebenverdienst[1]), in Hausindustrie als Nebenbeschäftigung betrieben wird, so haben wir in wenigen Zeilen die ganze Bergwerks- und industrielle Tätigkeit des Ruhrkohlenreviers erwähnt, eines Landstrichs, der heute Myriaden von Arbeitern beschäftigt und täglich vielleicht 100.000 Tonnen Steinkohlen und 5—10.000 Tonnen Eisen auf seinen zahllosen Schienensträngen verfrachten lässt.

Was südlich der Ruhr von gewerblicher Tätigkeit erwähnenswert ist, verarbeitet entweder Eisen oder hängt mit der Textilindustrie des Wuppertales zusammen. So wird im südlichen Teil des Kreises 102] Bochum[2]), d. h. in dem waldigen Bergland zwischen Ruhr und Enneper Strasse, wo eine ziemlich zahlreiche Bevölkerung in einzelnen Häusern mit kleinen Ackerrodungen zerstreut wohnt, Siamoisenweberei, damals einer der Hauptzweige der Elberfelder Industrie, genannt. Wo aber jenseits der grossen Terrainspalte das eigentliche Sauerland beginnt, übernimmt das Eisen durchaus die Führung und wird im oberen 85] Herzogtum Berg — gleichwie in den östlichen Gegenden von Altena, Olpe — ein Industrie- und Nahrungszweig von grosser Wichtigkeit[3]), ohne dessen Vorhandensein die in Anbetracht der starken Bewaldung jener Landschaften immerhin ansehnliche Bevölkerung[4]) nicht zu erklären wäre.

Unter den gleichen Bedingungen, d. h. durchaus von dem Holzreichtum der Wälder abhängig, arbeitet die berühmte Hüttenindustrie 95. 96] des Siegener Landes, damals nicht nur das beste, sondern auch das meiste Eisen im ganzen westlichen Deutschland liefernd[5]), eng mit der Eisenindustrie von Berg und Mark verbunden, deren Ruf zu einem guten Teil auf dem ständigen Bezug des Siegener Eisens beruhte[6]). Damals schon begann aber das Kokseisen dem Holzkohleneisen Konkurrenz zu machen, und es stand desshalb die Siegener Industrie, wollte sie leistungsfähig bleiben, vor der unvermeidbaren Notwendigkeit, den seit Jahrhunderten in unveränderter Methode fortgeführten Betrieb[7]) zeitgemäss umzugestalten[8]).

---

[1]) Schwerz I, 266. — [2]) Hassel III, 434.
[3]) Kreis Wipperfürth über 100 Hämmer. Vgl. auch Hassel III, 439 ff. 481; Büsching VI, 487 f. — [4]) Vgl. S. 34. 55.
[5]) Vgl. Hassel III, 387. 443. Zu Büschings Zeit wurden im Fürstentum Siegen (Nassau), bei 13—14wöchiger Arbeit (?) jährlich etwa 4500 t Roheisen, n. Hassel III, 443 um 1816 jährlich 15.000 t Roheisen, 1200 t Gusseisen dargestellt.
[6]) v. Reden, Erwerbs- und Verkehrsstatistik d. preuss. Königsstaates. 3 Abtheilungen. 1853 f. II, 987. überhaupt 983 ff.
[7]) Jacobi, Das Berg-, Hütten- u. Gewerbewesen d. RB. Arnsberg. 1857. S. 129.
[8]) Dieser Kampf gegen d. übermächt. neuen Gegner, d. Widerstreben, ihm seine Taktik abzusehen, und endlich doch der Uebergang zu einer veränderten Betriebsweise (vgl. Jacobi 133 f.), alles Dies fällt nicht in die Zeit, welche wir zu Grunde gelegt haben, sondern in eine spätere. Dieser Prozess prägt s. deutlich in dem Schwanken der Bevölkerungsziffer aus. Der Kreis Siegen hatte nämlich eine Dichtigkeit von
1819: 58, 1849: 70, 1855: 72, 1880: 110,
und d. jährl. Wachstum betrug
1819—49: 0,99, 1849—55: 0,47, 1855—80: 1,67 %.

Diese beiden Landschaften, das Ruhrkohlenrevier und das Sauerland, sind die einzigen, bei welchen es sich verlohnte, etwas länger zu verweilen. Nur kurz wollen wir noch einige von den mittelstark bevölkerten Gebieten hervorheben, deren Industrie man einen Einfluss auf die Stärke der damaligen Bevölkerung zuschreiben kann, oder welche, analog dem Ruhrkohlenrevier, später einen grossen industriellen Aufschwung erleben sollten. Zunächst in der niederrheinischen Ebene finden wir Orte, wie Deuz, Mülheim a. Rh., Düren mit ihren Umgebungen zwar als industrielle Plätze erwähnt[1]), das Leztgenannte auch schon damals durch seinen Wohlstand bekannt[2]), aber doch ihrer Einwohnerzahl nach sich nicht über den Rang von Landstädten erhebend[3]). Ebenso liegt die Kohlen- und Eisenindustrie der Saar und der Mosel noch in ihren ersten Anfängen. Wie Dudweiler und Sulzbach[4]), so sind Neunkirchen und St. Ingbert[5]) kaum dem Namen nach bekannt, Störing-Wendel existirt gar nicht[6]), und die Eisenerzförderung in Lothringen[7]) hat die luxemburgische Grenze, wo sie heute ganz besonders blüht, noch nicht aufgesucht; indessen ist Hayingen bereits als Hüttenort genannt[8]).

Alle diese bisher angeführten Städte und Industrieen haben in der Gegenwart einen guten Klang; was im Folgenden von Produktionen noch genannt wird, ist dagegen, relativ wenigstens, seit dem Siege des Grossbetriebes zurückgegangen oder hat ganz aufgehört. Die Braunkohlenbergwerke des Westerwaldes[9]) mögen weniger durch die Anzahl der beschäftigten Hände[10]) als durch die Wichtigkeit dieses Brennmaterials[11]) für die holzarmen Höhen bedeutsam gewesen sein. Für die Stärke der Bevölkerung noch weniger von Belang waren wol die Montanindustrieen des Glangebietes[12]), der Wetterau[13]), während

---

[1]) Büsching VI, 148; Hassel III, 476. 480. 516.
[2]) Die „beste und nahrhafteste Stadt im ganzen Lande" (Jülich), Büsching VI, 119. Sitte des Pachtens kleiner Grundstücke durch die Fabrikarbeiter. Vgl. Schneer im Archiv f. Polit. Oekon. VIII, 85 (Enquête in d. Rheinlanden 1836).
[3]) Düren 4982, Mülheim a. Rh. 3884, Deuz 2400 E. i. J. 1819. Dagegen 1880: 17.000, 20.000, 16.000.
[4]) Vgl. S. 49.
[5]) Neunkirchen 1819: 1540, 1880: 15.000; St. Ingbert um 1880: 3300, 1880: 10.000 E.
[6]) Gegründet 1843. Huhn 360; 1880: 3700 E.
[7]) Elsass-Lothringen, d. h. weit überwiegend Lothringen, förderte 1884 1,9 Mill. t Eisenerze, geg. nicht mehr als 4,2 Mill. in ganz Preussen (Prov. Westfalen 1,1 Mill.). — Dagegen lieferten freilich die Hüttenwerke des Reichslandes nur 0,4 Mill. t Eisen, gegenüber 2,6 Mill. in Preussen (Prov. Rheinland 1,2 Mill. t; Baiern mit. d. drittgrössten Produktion trat m. 65.000 t weit zurück. Monatshefte 1885, X.
[8]) Cannabich 276. Allerdings 1801 nur 807 E. gegen 5000 in 1880.
[9]) deren Produkt quantitativ ungefähr die Hälfte der damal. Saarkohlenförd. (vgl. S. 49, Anm. 12) erreichte, nämlich 1828—40 jährlich 26.000 t. Vogel Tab. S. 455.
[10]) Wenn 1883 (Stat. Jahrbuch f. d. Dte. Reich VI, Tab. V, 1a u. 1b) auf 1 Arbeiter ca. 550 t Braunkohlenförderung kamen, und wir für die frühere Zeit die Hälfte annehmen, so waren nur etwa 100 Arb. in diesen Werken beschäftigt.
[11]) Schwerz (Rheinl.-Westf.) I, 438.
[12]) Quecksilber, Steinkohlen. Vgl. bes. Frey III an v. St., auch Becker.
[13]) Braunkohlen, Salz (Nauheim). Vgl. Hassel V, 205; Demian (Hessen) I, 88. II, 341; Wagner III, 206.

die grossartigen württembergischen Salzwerke zwischen der Kocher- und
108] der Jagstmündung, erst 1812 entdeckt, noch kaum ihre Tätigkeit begonnen[1]), jedenfalls noch keine nennenswerte Ansammlung von
Arbeitern verursacht hatten. Endlich seien noch zwei Hausindustrieen
genannt, die eine wahrscheinlich grösstenteils als Nebenbeschäftigung
betrieben: Weberei aller Art in der betriebsamen Wetterau[2]), wo doch
wahrlich die Natur mit dem Boden nicht gekargt hat, und zweitens,
auf dem Grenzgebiet zwischen Schwarzwald und Gäu, im Gebiet der
37. 109] Nagold, eine — ähnlich wie auf der Alb die Leineweberei —
alteingesessene, von einer grossen Zahl ländlicher Meister[3]) ausgeübte
und desshalb ohne Zweifel die Volksdichtigkeit fördernde Tuchmanufaktur[4]).

IV.
Stark bevölkerte Gebiete (100—160).

Hier erscheinen — im Gegensaz zu den Gebirgen, und zu den
verhältnismässig weniger bevorzugten Talebenen der geringeren Dichtigkeitsstufen — weit gedehnte, durch Bodenqualität und trefflichen Landbau ausgezeichnete Tal- oder Plateauflächen; sie bilden die lezte Stufe
vor den als Verkehrsadern und durch intensivste Bodenkultur (Weinbau!)
zu Brennpunkten der Bevölkerung bestimmten Flusstälern und Bergstrassen.

Speziell sind es drei geographische Gebilde[5]), in denen ausgedehntere Flächen dieser Uebergangsstufe angehören: die niederrheinische,
die oberrheinische Tiefebene, und das Neckarland. Dort die Kornlandschaften des ehemaligen Jülicher Landes, der Niederelsass, die ebene
Pfalz und die Mainebene, hier die näher dem Neckar liegenden Muschelkalkplateaus und einige kleinere der Albtraufe benachbarte Flächen.
Von den zahlreichen isolirten, aus helleren Dichtigkeitstönen gleich

---

[1]) Memminger 836. — [2]) Vgl. bes. Bundschuh 498; u. Andere.
[3]) Im Oberamt Nagold n. Memminger 857, bei (1821) 22.651 E., 826 Meister
mit 21 Gesellen.
[4]) Memminger 858. 590 ff. Es ist sehr wol denkbar, dass auf Rechnung
dieses kleingewerblichen Industriezweiges ein Teil jenes schweren Rückschlages
in der Bevölk. dieser Gegenden zu sezen ist, v. welchem wir oben (S. 61, Anm. 9)
gesprochen haben.
[5]) Die der Bevölkerungsdichtigkeit nach hieher gehörigen Teile des bergischen Industriegebietes bin ich genötigt, um nicht das untrennbar Zusammengehörige auseinanderzureissen, mit den Brennpunkten des dortigen Erwerbslebens
(Elberfeld-Barmen, Solingen, Remscheid) zusammen im nächsten Abschnitt zu
behandeln.

Inseln hervortretenden Stellen starkgedrängter Bevölkerung erwähne ich hier nur die Hochtäler der oberen Roer (Montjoie), der Vogesen, und Oberschwaben.

1. Schon im vorigen Abschnitt war Gelegenheit gegeben, auf die verringerte Bedeutung des **klimatischen** Faktors in der Ebene hinzuweisen. Die Ebene, und zwar zumeist die Tiefebene, ist auch hier der hervorragendste Träger starker Bevölkerung. Nur in der orographischen Lage dieser Ebenen sind erheblichere klimatische Unterschiede begründet.

Während nämlich die niederrheinische Tiefebene, als Teil der grossen germanischen, an dem klimatischen Charakter derselben partizipirt, sind die inmitten der mitteldeutschen Gebirgslandschaften liegenden Talebenen, zumal sie auch in der Form daran erinnern, riesigen Tälern[1]) vergleichbar, deren Klima wesentlich durch die Höhe und die Erstreckung der Ufergebirge bestimmt wird. Und zwar geht dieser Einfluss der vorlagernden Gebirge — wozu noch der Umstand der um 1 bis 1 1/2 Grade südlicheren und vom Meeresklima weniger abhängigen Lage der mittelrheinischen Ebenen (gegenüber der niederrheinischen) sich gesellt — bekanntermassen dahin[2]), die Sommer- und Herbstwärme zu erhöhen und, wenn auch in geringem Grade, die Niederschläge zu vermindern oder doch anders zu verteilen. Was aus dieser Verschiedenheit des Klimas der Jülich'schen und der elsässisch-pfälzisch-württembergischen Landschaften für unsere Zwecke registrirt werden kann, ist nicht Viel, aber wichtig genug: es ist die verschiedene Begabung dieser klimatischen Provinzen für die Kultur des Obstes und des Weinstocks. Nur der Wein freilich meidet den Niederrhein vollständig, indess der Obstbau zum Teil, wie besonders in der Aachener Gegend[3]), ausgiebig gepflegt wird. Aber eben nur zum Teil; und wenn gleich die Rebe am Neckar und am Rhein nicht wie in Italien und Südfrankreich auch ohne den Schuz einer die Sonnenstrahlen sammelnden Böschung gedeiht und gut gedeiht, infolge dessen in der Regel nur die günstig abgedachten Hänge aufsucht[4]), so schaffen doch das häufige Vorhandensein solcher Weinlagen und die Möglichkeit, überall Obst zu züchten, den Landschaften des Mittelrheins ein beträchtliches Uebergewicht über den Niederrhein.

Wenn hier für die weitaus wichtigsten der unter diesen Abschnitt fallenden Gebiete, für die den Niederungen angehörenden, ein immerhin bemerkenswerter lokaler Unterschied in den Bereich der Wirksamkeit des Klimas fällt, so gewinnt Lezteres eine erhebliche Bedeutung für

---

[1]) So ausser der Rheinebene besonders die Muschelkalkplateaus des Neckarlandes, welche man als zwischen den Keuperbergen, bzw. zwischen diesen und dem Jura liegende Talebenen auffassen kann.
[2]) Vgl. Guthe-Wagner, Lehrbuch d. Geogr. 2 Bde. 5. Aufl. 1882 f. II, 656.
[3]) Vgl. Meitzen II, 265; auch die Generalstabskarte.
[4]) Auf flachem Felde wird Rebbau getrieben besonders in Teilen v. Rheinhessen. Vgl. d. topogr. Karten.

einige der Ausdehnung nach sehr zurücktretende Lokalitäten. In positivem Sinne, im Sinne einer Korrektion grosser Erhebung über Meer durch günstige örtliche Bedingungen. Hieher rechne ich die Erscheinung dichtbevölkerter Talkessel in den höchstgelegenen Teilen der 110. 111] Vogesen, sowie am nördlichen Fusse der Schwäbischen 112. 113] Alb, in welchen Obst- und auch Weinbau bis zu Höhen hinauf gepflegt werden, auf denen sie sonst nicht heimisch sind. Speziell die Albbuchten sind ja viel genannt wegen dieser auffallenden klimatischen Begünstigung; in dem grösseren Teil derselben überschreitet aber die Stärke der Bevölkerung die uns für diesen Abschnitt gesteckten Grenzen, weshalb wir uns hier mit dieser Andeutung begnügen [1]). Die 110. 111] oberen Täler der Breusch und der Weiss, sowie das 110a] Weilertal zeigen das Phänomen einer dichten Bevölkerung, ohne dass, wie in den meisten übrigen Vogesentälern, die Industrie eine genügende Handhabe zur Erklärung böte. Zum Teil kann allerdings die Tatsache der sehr beträchtlichen Viehwirtschaft in die Lücke eintreten; was noch fehlt, muss nun eben die Möglichkeit eines sehr starken Obstbaus [2]) mit grossen Erträgen erklären helfen.

2. Die in diesem Abschnitt behandelten Gebiete, welche bis auf wenige Ueberreste alles Das zusammenfassen, was von breiteren Flächen noch übrig bleibt, stellen sich auch in Bezug auf die Verhältnisse des Bodens in einen scharfen Gegensaz gegen die lezte und oberste Kategorie von Dichtigkeitsstufen, welcher insbesondere die bedeutenderen Flusstäler angehören. Bei diesen treten nämlich, wie wir sehen werden, die Schichtenböden wieder auf, und ihnen gesellt sich als weitere Art von Böden die jüngste geologische Bildung, das Alluvium bei. Indem sich dagegen der Boden der meisten und ausgedehntesten der stark bevölkerten Ebenen entweder durch die geognostische Unterlage — wie das 114] Jülicher Land und die Teile der Oberrheinebene — oder durch eine weitverbreitete Lehmdecke — wie die württembergischen 36. 115. 137] Gäulandschaften — von den Schichtgesteinen vollständig losgelöst zeigt, erscheinen diese Ebenen als das lezte Glied der ganzen Stufenreihe, in welcher Dichtigkeit der Bevölkerung und prozentuale Ausdehnung der Schichtböden im umgekehrten Verhältnis neben einander hergehen. Denn mag auch da und dort die Regel durchbrochen sein — im Allgemeinen lässt sich nicht verkennen, dass die Bevölkerung um so schwächer ist, je unumschränkter die Schichten-

---

[1]) Es seien beiläufig erwähnt als Orte mit sehr starkem Obstbau, sämmtlich am Fusse der Alb liegend: Gönningen u. Umgegend, Boll u. Umgeg. Memminger 582; Beschr. d. OA. Göppingen. 1844. 8. 51.

[2]) Leider fliessen die erreichbaren Quellen über die Reichslande recht spärlich. Die Tatsache eines starken Obstbaus in den Vogesentälern geht aber aus der franzöz. Generalstabskarte hervor; auch macht Aufschlager II, 853 eine Andeutung für das Weilertal, welches er grosse Mengen Kirschwasser ausführen lässt. Und für noch höher geleg. Gegenden des Schwarzwalds haben wir ja im II. Abschnitt aus zuverläss. Feder Kirschenbau konstatiren können.

böden herrschen, um so stärker, je mehr Lehme und Alluvionen deren Stelle einnehmen.

Nur an wenigen Stellen, besonders des Neckarlandes, wo entweder der neutralisirende Lehm ganz fehlt oder doch dünn geschichtet ist, verrät sich der Charakter des liegenden Gesteins und übt dieses auf die Ertragsfähigkeit des Bodens einen bestimmenden Einfluss [1]). Erwähnens-
115] wert ist indessen nur, an den Rändern der unteren Enzebene, das Auftreten des Keupersandsteins, welcher für die Rebe einen sehr dankbaren Boden liefert [2]) und somit eine intensivere Bebauung und Besiedelung ermöglicht. Ferner ein günstiges Verwitterungsprodukt des Schwarzen Jura auf einigen Plateauflächen längs der Alb [3]). — An
117] dieser Stelle mag auch der seltsamen Oase von Montjoie auf den Höhen des Hohen Venn gedacht werden, deren oberste Bodenschicht die Entstehung aus dem Schiefer dieser ödesten Gegend der Eifel durchaus nicht verleugnet, sondern, nass und thonig, vielfach in dürre Heide und in Moor übergeht [4]).

Weit überwiegen aber, wie gesagt, die postpliocänen Böden. Es erscheint zweckmässig, einige derselben kurz zu notiren. Da ist vor
114. 138] Allen der unerschöpfliche Boden des Jülicher Landes [5]),
139. 140] durch die flache Gestaltung des Terrains, die Leichtigkeit der Bearbeitung, die Sicherheit des Ertrages zum Ackerland geschaffen; die gleichfalls ertragreiche, aber schon sorgfältigere Arbeit verlangende
118. 119. 120] Erde der rechtsufrigen Mainebene [6]), und als dritte diejenige des grössten Teils der pfälzischen und niederelsässischen Landschaften, von Natur vielfach sandig und sicher nicht zur allerersten Klasse gehörig [7]), aber durch Jahrhunderte alte Kultur zu grossartigen Erträgen erzogen [8]). Nicht überall ist aber die Qualität die gleiche. Vielmehr möchte ich für die dem Rheine näher und in dessen Niveau
121] liegenden Ebenen von Frankenthal und Speier annehmen, dass durch die oft drohenden und oft verwüstenden Ueberschwemmungen [9]) des Stromes die Landwirtschaft dieser Gegenden denn doch in ihren Erfolgen stark beeinträchtigt wird gegenüber der auf dem Hochgestade, sicher vor elementarer Störung betriebenen, und dass desshalb hier dichtere Besiedelung möglich ist. Durch ursprüngliche Fruchtbarkeit zeichnet sich dagegen wieder der Lössboden [10]) der über der eigentlichen

---

[1]) Vgl. Beschr. d. OA. Vaihingen. 1856. S. 12.
[2]) Beschr. d. OA. Maulbronn. 1870. S. 22; OA. Vaihingen 43.
116] [3]) Filder. Fraas 211; Beschreib. d. OA. Esslingen. 1845. S. 17; Plateau
118] zwischen Göppingen und Kirchheim, Beschr. d. OA. Göppingen 21.
[4]) Vgl. Schwerz (Rheinld.-Westf.) II, 188; auch die Generalstabskarte.
[5]) Zft. d. kgl. pr. stat. Bureaus VI, 169; Schwerz II, 84; Viebahn I, 10.
[6]) Walther 72; Hassel V, 198. 577; Vogel 52 f. 859; Demian (Nassau) 267 ff.
[7]) z. B. bei Lauterburg. Aufschlager II, 422; in den Kantonen Zabern, Maursmünster, Niederbronn. Aufschlager II, 277. 284. 431.
[8]) Vgl. f. d. pfälz. Teile Becker 162. 165. 374; Frey I, 381. 490. 541. 573. II, 8; für den Elsass bes. Schwerz an v. St.
[9]) Frey I, 102. 541. II, 8; Kolb I, 26 ff. Die Rheindurchstiche begannen erst 1817 und wurden bald wieder liegen gelassen. 180 qkm Landes lagen auf pfälz. Seite im Inundationsbereiche des Stromes.
[10]) Schwerz (Elsass) 7 ff. u. an v. St.; Aufschlager II, 192. 391; Description I, 643. 668.

Ill- und Rheinebene liegenden, von Ueberschwemmungen verschonten
122] Terrainstufe des Kochersbergs und seiner südlichen Fortsezungen
aus. — Auch der Lehmbedeckung [1]) der Ebenen des Neckarlandes
wird von allen Seiten ihre Ertragsfähigkeit nachgerühmt.

Schliesslich seien noch einige alluviale Böden erwähnt, als Vorläufer der ausgedehnten Talböden, welchen wir im nächsten Abschnitt
123] begegnen werden: die Ebene des Moseltals [2]) abwärts Metz bis
124] zum Eintritt des Flusses in die Schieferformation unterhalb Trier,
die periodischen Ueberschwemmungen ausgesezten Wiesenflächen des
125] Kinzigtals [3]) (Hanau), und zulezt die ausgedehnten Riede der
126] oberschwäbischen Donau, welche indessen schon seit dem vorigen
Jahrhundert grösstenteils der Kultur [4]), sogar als Ackerfelder, gewonnen sind.

Hier so gut wie auf den schwach bevölkerten Gebirgen erleichtert
ohne Zweifel ein guter Boden die Arbeit des Landmanns und begünstigt
eine stärkere Bevölkerung, wirkt ein undankbarer Boden im umgekehrten Sinne.

Indessen tritt doch die Gewichtigkeit dieses Faktors immer mehr
in den Hintergrund vor der gesteigerten Betriebsamkeit der Landwirtwirtschaft. Die Naturnotwendigkeit einer solchen Rollenverteilung
zwischen diesen beiden Faktoren drängt sich übrigens schon theoretisch
auf; nur ist es bei der Seltenheit vergleichbarer Objekte schwierig, an
konkreten Beispielen dieselbe nachzuweisen. Unter den stark bevölkerten und hochkultivirten Talebenen finden wir nun das nötige Material.
Im Niederelsass nämlich zeigt sich die auffallende Erscheinung, dass
die allgemein als die Perle der elsässischen Ackerböden bezeichneten
122] Lösslandschaften des Kochersbergs und der Ebene zwischen Strassburg und Schlettstadt nicht so stark bevölkert sind als die zum Teil
sandigen und von Natur undankbaren [5]) Flächen an der Zorn und
127. 128] Moder, an der Selz und Lauter.

1821 Ktn. Truchtersheim 98, Geispolsheim 102 — dagegen Hochfelden 122, Bischweiler 129, Lauterburg-Selz 139, Lauterburg
allein gar 181.

Schwerz löst dieses Rätsel, indem er darauf aufmerksam macht, dass
die durch die ausserordentliche Ergiebigkeit ihrer Felder verwöhnten
Bauern des südlichen Niederelsass bei Weitem nicht diejenige Sorgfalt [6])
auf den Landbau verwenden, welche weiter nördlich [7]) den Lezteren auf
die Höhe des belgischen und englischen Betriebes hebt. Vielleicht wäre
die gleiche Tatsache einer erfolgreichen Korrektion der Bodenqualität
und der durch dieselbe bedingten Stärke der Bevölkerung durch die

---

[1]) Beschreib. d. OA. Oehringen. 1865. S. 3. 12; OA. Marbach. 1866. S. 4. 61;
OA. Vaihingen 12; OA. Leonberg 13.
[2]) Cannabich 276; Wanderungen 6; Huhn 311 f.; Meitzen Atlas Taf. IV.
[3]) Pfister 40.
[4]) Beschreib. d. OA. Ehingen. 1826. S. 16; OA. Riedlingen. 1827. S. 29;
Memminger 638.
[5]) Vgl. Schwerz (Elsass) an v. St., bes. 9 f. 202 f.
[6]) z. T. bezieht s. dieser Vorwurf auch auf eine allzu grosse Ausdehnung
der Weiden, unter dem System der Dreifelderwirtschaft. Schwerz 38 u. an and. St.
[7]) Schwerz an v. St., bes. 199 ff.

Einsicht und den Fleiss des Landwirts auch bei der **Kleve'**schen im Gegensaz zur **Jülich'**schen Landwirtschaft — welcher ein weit dankbarerer Boden zur Verfügung steht — zu konstatiren, wenn hier nicht die sehr verschiedene Verteilung der Kulturen — Wald, Wiese — den 130] wahren Sachverhalt verschleierte, oder, wie bei Kempen und Krefeld, die hier betriebene Industrie eine Vergleichung mit Jülich erschwerte. So viel über den Faktor der Bodenqualität.

---

3. Die Ueberlassung von Land an eine extensive Bewirtschaftung als Forstland oder Weide verliert in dichter bevölkerten Gegenden gleichfalls an Bedeutung. Denn die grosse Gedrängtheit der Bevölkerung ist ja wesentlich bedingt durch die Möglichkeit, jedem Fleck Erde das Maximum des Ertrages abzugewinnen, und da wirken jene Arten der **Pflanzendecke** in hohem Grade störend. Nur wo die Qualität des Bodens kategorisch auf eine solche Benuzung hinweist, oder wo ein überwiegendes Bedürfnis die Erhaltung von Waldparzellen und Gemeinweiden nahelegt, wo eventuell auch eine Einigung über die Austeilung im Gemeinbesiz befindlicher Grundstücke noch nicht zu erzielen war, da finden sich Ueberreste von Wald und Weide.

Energisch aufgeräumt mit Allem, was bei der ausgezeichneten Beschaffenheit des Bodens dem höchstmöglichen Ertrage im Wege stand, hat z. B. — wie wir für die südlichen Teile schon im vorigen Abschnitt 114. 138. 139. 140] feststellen konnten — das **Jülicher** Land[1]). Ebenfalls auf ein Minimum reduzirt ist das Waldareal in dem Zuge von 118. 119. 120; 131] **Mainebene**, an der **Nahe**, wo alle Höhen dem Weinbau reservirt sind, vollends aber weiter südlich in den eigentlichen 132; 121. 133. 134. 135. 136] pfälzischen Landstrichen rechts und links vom Rhein, wofern nicht, im Bereiche des damals noch unkorrigirten Stromes, Sümpfe und Holzungen dem Eindringen der Kultur wehren. Nicht der Rede wert ist ferner, was von abgesprengten Stücken der grossen Waldkomplexe des **Niederelsass** und des Speiergaus noch stehen geblieben ist. Wie wenig Diese der Stärke der Bevölkerung Abbruch tun können, geht schon daraus hervor, dass der Kochersberg, obschon gänzlich unbewaldet, jenen nördlichen Bezirken trozdem, wie wir oben sahen, an Volkszahl nachsteht. Endlich ist das Waldgebiet

---

[1]) Selbstverständlich rede ich hier, wie immer, nur von den unter die gerade zu besprechende Dichtigkeitsstufe fallenden Strichen, und kümmere ich mich um die anderen Stufen angehörigen Kurven nur insoweit, als dieselben vergleichbar sind. Grössere Waldkomplexe jedoch, welche selbständige Dichtigkeitsbezirke repräsentiren, fallen ausser den Rahmen der jeweil. Betrachtung. Da in den meisten Fällen die polit. Bezirke, wie bei dem raschen Wechsel der Kurven natürlich, verschiedene Dichtigkeitsgrade einschliessen, so ist — ich bemerke Dies hier abermals — die statistische Tabelle nur selten zu verwenden, und muss dafür die topographische Karte aushelfen. Die aus dem topogr. Material geschöpfte Kenntnis d. Verteilung der Kulturen jedesmal durch Angabe der Quelle zu belegen ist wol überflüssig.

sehr eingeschränkt auf den Lehmplateaus des unteren Neckarlandes, mit einer einzigen bedeutenderen Ausnahme.

Dagegen haben sich Holzbestände in grösserem Umfange erhalten erstens in dem Grenzgebiet zwischen Jülich und Kleve-Geldern, bei 130] Kempen und Krefeld (wo auch sonst der Einfluss Kleve'scher und belgischer Landwirtschaft unverkennbar ist), und zwar in Gestalt zahlloser kleiner Parzellen, abgesehen von den längs den bruchartigen Wasserläufen von der Natur vorgeschriebenen, mit nassen Wiesen abwechselnden Holzungen. Zweitens nenne ich noch die Ebene nörd-
115] lich von der unteren Enz, wo zwischen dem Fluss und den Keuperhöhen zahlreiche und ausgedehnte Forstländereien sich finden, inmitten hochkultivirter und starkbevölkerter Landschaften.

4. Mit dem Vorschreiten der Kultur und Bevölkerung übernimmt der Mensch mehr und mehr die Führung in dem agrikolen Produktionsprozess. Zwar die Ungunst des Klimas zu ignoriren, welche die für den Landbau verfügbare Zeit verkürzt und edlere Gewächse nicht aufkommen lässt, das übersteigt seine Kraft. Zweifelsohne wird aber der intelligente Landwirt auch unter rauhen Himmelsstrichen durch passende Auswahl und Züchtung der Gewächse dem rohen überlegen sein. Indessen im Rheinischen Deutschland fehlen hiefür die Belege[1]).

Wie weiter die Qualität des Bodens zur sekundären Grösse herabsinkt, indem sie, wenn ungünstig, in dichtbevölkerten Gegenden die ganze Energie des Landmanns herausfordert, das haben wir vorhin für die elsässisch-pfälzische Landwirtschaft konstatirt.

Keiner Ausführung bedarf es, um daran zu erinnern, dass drittens eine dem Fortschreiten der Bevölkerung hinderliche Pflanzendecke durch Aufwand von Arbeit und Kapital jederzeit in Kulturland umgewandelt werden kann.

Und viertens wird die natürliche Verteilung von Gras- und Ackerland, bzw. der Mangel an Ersterem für eine vorgeschrittene Landwirtschaft — dies beweist insbesondere die des Jülicher Landes[2]) —

Grasland: Kreis Neuss 9, Grevenbroich 5 % d. ldw. Areals zum nebensächlichen Faktor[3]).

Und gerade so weit, als alle diese Faktoren zusammen zurückgehen, rückt dafür die **landwirtschaftliche Tätigkeit** des Menschen vor. Auf verschiedenen Wegen. Zunächst erfolgt, wofern nicht gesezliche Beschränkungen im Wege stehen — und solche werden sich gerade in zu dichter Bevölkerung neigenden Gegenden schwer halten können[4]) — in der Regel eine Zerkleinerung des Grundbesizes[5]). So scheint

---
[1]) Das theoret. Moment ist hier natürlich das Wesentliche.
[2]) Es gibt hier Dörfer, deren Wiesenfläche zum Ackerland sich verhält wie 1 : 40. v. Lengerke II, 2. Abth., 220.
[3]) Vgl. auch Schwerz (Elsass) 26. — [4]) Beispiel: Altwürttemberg.
[5]) Leider ist ein statist. Material f. d. frühere Zeit über diesen Punkt nirgends vorhanden. Baiern, als erster Staat, wie es scheint, veranstaltete eine Aufnahme

127. 128] im Niederelsass Dichtigkeit der Bevölkerung und verhältnismässiges Ueberwiegen der kleinen Wirtschaften über die grossen Hand 122] in Hand zu gehen, und zwar nimmt dabei wieder der Kochersberg [1]) eine eigene Stellung ein, mit einem stattlichen Rest grosser Besitzungen und reichen Bauern. Es hatten nämlich [2]) von je 100 Gespannwirtschaften mit 1, 2, 3—4, 5—8 Pferden, 1 bzw. 2 Ochsen, 2 Kühen die

Kantone	Gespanne zu			Dicht. 1821
	2 Pferden	3—8 Pferden	2 Kühen	
Erstein	66	22	4	91
Truchtersheim	16	24 {davon m 11, 5—8 Pf.	47	98
Hochfelden	20	17 { 4	48	122
Selz	19	2	59	123

Dass es freilich auch sonst stark bevölkerte Distrikte gibt, wie das Jülicher Land [3]), welche sich einen verhältnismässig grossen Besitz erhalten oder vielleicht erst geschaffen haben (Aufkauf von Bauernwirtschaften), beweist an und für sich Nichts gegen die Tendenz einer Zerkleinerung der Hufen bei wachsender Bevölkerung, um so weniger, als gerade hier oft die Parzellenverpachtung [4]) dieser Tendenz Rechnung trägt. Uebrigens ist es wol nicht lediglich Zufall, dass gerade am linken Rheinufer und auf altwürttembergischem Territorium die grosse Mehrzahl stark bevölkerter Gebiete liegt; wäre die freie Teilbarkeit des Grundbesitzes hier wie dort nicht längst Tatsache, so fiele die Schattirung der Dichtigkeitstöne wol etwas dünner aus. Aber leider fehlen stärkerbevölkerte Gebiete von grösserer Ausdehnung in Ländern, welche, wie das östliche Württemberg, erst spät von den gutsherrlichen Lasten sich emanzipirt haben, so dass eine diesbezügliche Vergleichung nicht möglich ist [5]).

Auch das Wirtschaftssystem pflegt der fortschreitenden Kultur und Bevölkerung sich anzupassen. Wo die Volkszahl eine solche Höhe

---

d. Zahl u. d. Besiztums d. Grundeigentümer im J. 1858. Natürlich legten auch die alten Landesbeschreibungen wenig Wert auf dergleichen soziale Fragen. — Dass, bei sehr geringer landwirtschaftl. Kultur, eine solche Parzellirung des Besizes nicht immer auch e. starke Bevölk. im Gefolge hat, haben wir oben bei Lothringen erwähnt.
[1]) Vgl. auch Schwerz (Elsass) 31; Aufschlager II, 215.
[2]) Description IV, Tab. II.
[3]) Hier waren wenigstens die ganz grossen Güter v. mehr als 3000 M. Reinertrag n. d. Aufn. der 60er Jahre recht zahlreich vertreten (vgl. Meitsen, Atlas Taf. XIX), wobei aber zu beachten, dass d. Wert des Bodens hier teilweise ein enormer ist (n. Meitzen I, 294 das ha erster Ackerklasse im Kr. Grevenbroich 3800 M. — vgl. allerdings unten pfälzische Bodenwerte!) und infolge dessen schon ein Gut von 20 ha einen solchen Reinertrag repräsentiren kann.
128] [4]) So z. B. im Moseltal, wo, im Gegensaz z. übrigen Lothringen, nach Huhn 106 noch grosse Güter, aber im Besiz von Metzer Familien, zu finden sind.
[5]) Ueber d. Zurückbleiben d. Bev. schwachbevölkerter Landschaften infolge von Anerbenrecht oder -Sitte s. S. 45 f. — Das Donautal, in welchem noch die älteren Oberamtsbeschreibungen (z. B. Ehingen, 1826, S. 43. 46) Fallehenhöfe v. grosser Ausdehnung erwähnen, ist aus guten Gründen mit Elsass und Pfalz nicht auf Eine Linie zu stellen.

erreicht hat, wie sie die hier behandelten Gebiete aufweisen, da kann offenbar mit einem extensiven System, das für Gebirgsgegenden passt, nicht gewirtschaftet werden: Weide und Brache müssen verschwinden, wenn Bevölkerung und bearbeitetes Land in einem entsprechenden Verhältnis stehen sollen. Wir hören daher nur selten noch von Gemeinweiden[1]), überall dagegen den Einbau der Brache etwas Selbsverständliches nennen; wo dies nicht durchweg der Fall, wie z. B. im oberschwäbischen Donautal[2]) und gar auf dem Hochplateau von Montjoie[3]), da sind meist klimatische Bedenken im Spiele.

Am Meisten im Einklang mit der Dichtigkeit der Bevölkerung wird wol in der Regel sein die Art, die Intensität[4]) der Bewirtschaftung des Bodens. Der Begriff eines dichtbewohnten Landstrichs — ich spreche hier von auf der Landwirtschaft fussender Bevölkerung — ist uns identisch mit dem eines sorgfältigen, gartenmässigen Betriebes. Und um so fleissiger und intelligenter muss der Bauer zu Werke gehen, je weniger ihm ein von Natur dankbarer Boden zur Verfügung steht, und je mehr ein Uebermass natürlicher Wiesen das auf diese Weise zu bearbeitende Feld einschränkt. Weil diese Nebenumstände nicht überall die gleichen (ausserdem natürlich die Stärke der Bevölkerung nicht überall dieselbe), bleibt immerhin ein weiter Spielraum für die verschiedenen Grade von Betriebsintensität. Jülich z. B., bei welchem alle günstigen Voraussezungen zusammentreffen, hat offenbar nicht diejenige Mühe und Sorgfalt[5]) auf seinen Acker zu verwenden, welche dem Pfälzer Bauer zur Pflicht geworden ist. Und wo grosse Städte und ausgezeichnete Absazmärkte in der Nähe sind, da wird es in dem eigensten Interesse des Landwirts liegen, seinem Felde den höchstmöglichen Ertrag abzugewinnen und, was die Ausfuhr der Produkte dem Acker genommen, demselben in dem städtischen Dünger wieder zuzuführen[6]). Die Bevölkerung pflegt, wo die Verhältnisse in dieser Weise natürlich sich entwickelt haben — wie bei Frankfurt, Strassburg[7]) — gegen die Zentren hin zu wachsen.

---

[1]) Seltsamerweise gerade in — allerdings nicht am stärksten bevölkerten — Teilen des Elsass; eine Erscheinung, welche Schwerz 87 ff. heftig angreift. Indessen dürften die v. ihm zu Grunde gelegten Ziffern noch dem 18. Jahrht. angehören; denn der Kataster, für Bas-Rhin 1843 beendigt (Statistique de la France. Territoire, population. 1855. Tab. Nr. 1), bringt e. wesentlich veränderte Verteilung der Kulturen.

[2]) Beschreib d. OA. Ehingen 48; OA. Riedlingen 65.

[3]) Auf 5 Jahre Getreide (Hafer) 5—6 jähr. Dreesch. Schwerz II, 144.

[4]) Wie sehr bei wachsender Bevölkerung die Erträge gesteigert werden können, zeigt treffend das Beispiel von Kornwestheim im Strohgäu, wo von ca. 1780 (800 Einw.) bis 1860 (1400 E.) der Körnerertrag des Dinkels von 6 auf 10 Korn stieg. Württ. Jahrbb. 1860 II, (Rümelin), S. 143. 145.

[5]) Die Bebauung ist hier nach Schwerz II, 73 nicht auf der Höhe z. B. derjenigen des schwächer bevölkerten Klever Landes. Auch ein Symptom ist die n. Schwerz II, 82 alle Begriffe übersteigende schlechte Beschaffenheit der Wege im Lande Jülich.

[6]) So z. B. in der Heidelberg-Mannheimer Ebene, v. Lengerke II, 2. Abth., 228; in der Strassburger Gegend, Schwerz 204.

[7]) Bei anderen Städten war es nicht immer möglich, diese Erscheinung graphisch hervorzuheben.

Diese nächsten Umgebungen der Grossstädte ausgenommen, ist nirgends sonst die Landwirtschaft zu einem so hohen Grad von Vollkommenheit gediehen, wie in den nordelsässisch-pfälzischen Landen. Hier ist nicht nur der Boden, wie wir bereits anführten, 122. 114] dem des Kochersbergs und des Jülicher Landes, wol auch 36] des Strohgäus nachstehend, sondern es sind auch in teilweise allzu grosser Ausdehnung natürliche Wiesen vorhanden:

(1820 ca.) Kanton Sulz $5/10$ d. Gesammtfläche Acker, $3/10$ Wiese [1]),
(1878) BA. Germersheim 20, Kreis Weissenburg 23 ha Wiese auf 100 ha landw. Areal.

Aber troz allen diesen ungünstigen Bedingungen, und trozdem gerade diese Gegenden in den französisch-deutschen Kriegen namenlos gelitten haben, ist es der ausgezeichneten Betriebsamkeit und Intelligenz der dortigen Bevölkerung [2]) möglich geworden, auch ohne die Unterstützung des Weinbaus [3]) — Kreis Weissenburg 1878 nur 2 % d. landw. Areals — Plaz für eine solche Menge von Menschen zu schaffen, wie sie sonst nur der Weinbau oder die Industrie anzuhäufen pflegen [4]).

Nur durch einen ausgiebigen Anbau von solchen Pflanzen, deren Wachstum alle Kräfte des Bodens in Anspruch nimmt und deren Behandlung eine besondere Sorgfalt verlangt, können die Mittel für eine so zahlreiche Bevölkerung aufgebracht werden. Tabak, Hanf, Krapp, und wie die Handelsgewächse alle heissen, Kartoffeln, Gemüse u. s. w. sind es, welche dem elsässisch [5])-pfälzischen [6]) Landwirt nicht nur das baare Geld zuführen, sondern, was nicht zu unterschäzen, seine Tätigkeit auch nach der Ernte, behufs Zubereitung für den Verkauf, derart in Anspruch nehmen [7]), dass hier weder für das Nichtstun, noch für industrielle Arbeit Zeit übrig bleibt.

Je mehr Areal natürlich die Handelspflanzen einnehmen, um so weniger Plaz bleibt für die Kornfrüchte [8]) übrig, und so ist mit wachsender Bevölkerung in der Regel eine Einschränkung der Getreidefläche

---

[1]) Aufschlager II, 426.
[2]) Schwerz (Elsass) an v. St.; Frey I, 381. 414 u. s. w.; Becker an v. St.
[3]) N. d. Kataster. Tab., v. Brämer, Zft. d. Kgl. pr. stat. Bur. XI, 27 mitgeteilt.
[4]) Hier, im Niederelsass u. in der Pfalz hat denn auch, wie genugsam bekannt, die Volkszahl, nachdem sie, v. allg. Aufschwung n. d. Kriegen mitgerissen, anfangs noch etwas gestiegen war, seit d. 30er u. 40er Jahren stagnirt, wo nicht grosse Städte (Strassburg) u. aufblühende Industrieen (Ludwigshafen u. s. w.) auf ihre nähere Umgebung befruchtend wirkten:

BA. Speier (Ludwigshafen!) dagegen BA. Germersheim	1818:	89 / 86	1849:	135 / 114	1880:	220 / 116
Kanton Geispolsheim (Strassburg) „ Schiltigheim (Strassburg) dagegen Kt. Truchtersheim	1821:	102 / 159 / 98			1871:	145 / 233 / 101

[5]) Schwerz, Aufschlager II an v. St. — [6]) Frey, Becker an v. St.
[7]) Schwerz (Elsass) 377 u. an and. St.
[8]) Man verstehe Dies nicht falsch. Mag auch eine Gegend (mit Ausnahme der allernächsten Umgebung der Städte) noch so „gartenmässig" bebaut sein, immer bleibt doch das Getreide, im Elsass in der Regel Weizen, die Hauptfrucht, welche hier meist alle 2 Jahre (Zweifelderwirtschaft) wiederkehrt. Vgl. Schwerz (Elsass) 170. 181 ff. 211; Ausnahme S. 407.

gleichbedeutend [1]). Manche von den hier behandelten, weniger stark bevölkerten Gebieten sind jedoch (trozdem Handelsgewächse nirgends fehlen [2])), noch als eigentliche Kornländer zu bezeichnen — so besonders Jülich [3]), ferner die Maingegenden [4]), die württembergischen Gäulandschaften [5]), im Elsass der Kochersberg [6]) — während sich andere, wie 132] die Neckarrheinebene [7]), durch Tabak- und Hopfenbau berühmt, pfälzisch-elsässischer Landwirtschaft nähern.

Kleebau und Stallfütterung, deren Fehlen in wenig kultivirten und schwach bevölkerten Gegenden immer und immer wieder Anlass zur Klage gibt, sind bei entwickelter Wirtschaft, vollends da, wo Wiesen selten, so notwendig, dass Schwerz gegen einen Teil der elsässischen Gemeinden, in der Gegend der Breusch und der Ill, keinen schwereren Vorwurf erheben kann, als den des Vorhandenseins von Gemeinweiden.

Nur an drei Orten begegnen wir aber der Viehzucht als einem wirklich wichtigen Zweig, nicht bloss Hilfsgewerbe der Landwirtschaft. Einmal bringen es die klimatischen und Bodenverhältnisse mit sich, 117] wenn, wie auf der Höhe von Montjoie [8]) und auf den 110. 111] Vogesen [9]), nur der Graswuchs befriedigende Erträge 140. 142. 141] liefert. Und dann hat wol in der Aachen-Eupener Gegend eine tiefwurzelnde Vorliebe für die Viehwirtschaft es allmälig dahin gebracht, dass z. B. im Kreise Eupen (1878) nur 10 % der landwirtschaftlich benuzten Fläche für den Acker übrig bleiben (!) [10]), die übrigen 90 % aber zu ungefähr gleichen Teilen sich in Wiese und Weide teilen, von denen merkwürdigerweise die Lezteren im Werte beträchtlich höher stehen [11]).

Was schliesslich noch den Einfluss des Wein- und des Obstbaus auf die Stärke der Bevölkerung gewisser Neckar- und Rheinlandschaften betrifft, so ist Ersterer uns bisher nirgends in einer solchen Ausdehnung vorgekommen, als der westliche Teil von Rheinhessen mit 131] dem Nahetal sie aufweist: 15 % der landwirtschaftlich benuzten Fläche waren im Kreis Bingen [12]) mit Reben bestanden, und es ist in diesem Plus gegenüber dem übrigen Rheinhessen die Hauptursache der grösseren Gedrängtheit der Bevölkerung zu suchen.

1820 Kreis Bingen 114, dagegen Oppenheim 99, Alzey 96.
115] Ferner bildet an der unteren Enz die durch einen bedeutenden

---

[1]) Vgl. Württ. Jahrbb. 1860 II, 136 f.
[2]) Jülich: Flachs, Main: Tabak, u. s. w. — [3]) Schwerz II, 101.
[4]) Walther 98; Landau 568; Vogel 546. 859.
[5]) Mit Einschluss der kleineren, neckaraufwärts gelegenen. Vgl. d. Tabellen aus d. Jahre 1852, Württ. Jahrbb. 1852 II, G ff. — [6]) Schwerz 211.
[7]) Vgl. Hassel V, 12. 101. 104; Büsching VI, 665; v. Langerke II, 2. Abth., 144, u. And. Für Hopfen auch die topogr. Karten zu vergl.
[8]) Vgl. Schwerz II, 139. 145.
[9]) Vgl. darüber Aufschlager II, 111.
[10]) Mit dieser Verteilung d. Kulturen hängt offenbar d. langsame Steigen d. Bevölk. zusammen: Kr. Eupen (ohne Stadt) 1819: 60, 1849: 77, 1860: 85 E. a. d. qkm.
[11]) Vgl Neumann, Das Deutsche Reich. 2. Aufl. 2 Bde. 1874. II, 362. Z. B. lieferte in Eynatten das ha Wiesen 42,4, Weiden 42,8 M. Reinertrag (!).
[12]) N. d. Kataster, vollendet um 1860.

Weinbau — OA. Vailingen 9 % d. landw. Areals — ermöglichte intensive Ausnuzung des Bodens gewissermassen ein Gegengewicht gegen die auffallend starke Bewaldung, im westlichsten Teil der Hohen-
143] loher Ebene[1]) gegen die grossen Güter und die Sitte der Unteilbarkeit[2]).
Endlich den Obstpflanzungen begegneten wir bereits in den Vogesentälern mit ihren Einzelhöfen und in der Aachen-Eupener Gegend, wo sie auf den weiten Grasflächen ihren richtigen Standort finden, und einen sehr willkommenen Tauschartikel für das fehlende Korn liefern mögen. Dagegen treten sie in der Pfalz und im Elsass, auf den Kornböden des Neckarlandes neben dem Ackerbau in den
112. 113] Hintergrund, um erst wieder am Fusse der Alb durch ausserordentliche Erträge[3]) für die Bevölkerung wichtig zu werden.

---

5. Wo, wie in der grossen Mehrzahl der stark bevölkerten Gebiete, ein ertragreicher Boden, von intensivstem landwirtschaftlichen Betriebe unterstüzt, allein schon Arbeit und Unterhalt für eine sehr erhebliche Menge von Menschen schafft, da bleibt der Industrie in der Regel Nichts mehr zu tun übrig. Die auf Absaz produzierende industrielle Tätigkeit ist doch wol ursprünglich als ein Surrogat aufzufassen, das dann zur Verwendung gelangt, wenn die natürliche erste Güterquelle zur Bestreitung des Unterhalts nicht ausreicht[4]).

So ist denn auch eine über den häuslichen Bedarf hinausreichende gewerbliche Tätigkeit hier nur an wenigen Stellen vorhanden. Im nörd-
130] lichsten Winkel von Jülich und in dessen Nachbarschaft hat eine teils altangesessene, teils durch merkantilistische Massregeln grossgezogene (Krefeld!) Textilindustrie[5]) schon im ersten Viertel des Jahrhunderts eine Bedeutung[6]) erlangt, welche derjenigen des Landbaus wol nahekommen[7]) mag, hat daher eine der Kleve'schen — mit dessen Boden und Land-

---

[1]) Vgl. d. topogr. Karte.
[2]) Beschr. d. OA. Oehringen 39. 50.
112] [3]) Gönningen, ein Dorf v. 2100 E., produzirt in manchem Jahr n. Memminger 582 50.000 hl Obst. Rechnen wir das hl zu 10 M., so ergibt das ein riesiges Einkommen für die Bevölkerung, demjenigen von mehreren 100 ha Acker- oder Wiesland entsprechend.
[4]) Daher die Industrie in den Städten und in den Gebirgsgegenden. — Ein Anderes ist es, wenn das Vorhandensein von Naturkräften (Wasser, Brennstoff) zur Ausnuzung anreizt, oder wenn zufällig, wol gar künstlich eine Gegend zur Industrie erzogen wird (Kempen-Krefeld, Gladbach, Mülhausen).
[5]) Teils Flachs, v. Gladbach-Dahlen, teils Seide, von Krefeld-Viersen aus.
[6]) Kempen allein hatte um 1830 250 Webstühle, Viebahn I, 185. In d. gesammten Krefelder Seidenindustrie waren 1809 beschäftigt 8300 Pers., wovon, da Krefeld 1819 nur 19.000 E. zählte, die gröss. Hälfte auf d. Land fallen muss. Thun, Die Industrie am Niederrhein u. ihre Arbeiter. 2 Hefte. 1879. I, 89 (Schmoller's Staats- u. sozialwiss. Forschungen II, 1879, H. 2 u. 3).
[7]) Hassel III, 458 f. meint sogar, dass d. Landbau f. d. Ernährung d. Bevölk. nicht so wichtig sei wie die Industrie — was offenbar übertrieben ist; denn in diesem Falle müsste die Bevölk. noch weit stärker sein (vgl. Kreis Gladbach).

wirtschaft diejenigen des Kempener Landes nahe verwandt sind — an Zahl weit überlegene Bevölkerung sich ansammeln lassen: 1819 Kreis Krefeld Land 104, Kempen 118 [1]). Die lebhafte hausindustrielle Tätigkeit im Gladbacher Bezirk hat auch in dem eigentlichen kornbauenden Jülich einigen Anklang gefunden [2]), ohne hier jedoch mit der Landwirtschaft irgend konkurriren zu können. Dagegen ist wieder in der an Jülich westlich angrenzenden Land-
140. 142.
141] schaft von Aachen und Eupen der gewerblichen Arbeit eine wichtige Stellung im Erwerbsleben zugefallen, um so wichtiger, als, wie wir oben bemerkten, der Landbau hier ganz eigenthümliche Bahnen eingeschlagen hat. Alle Anregung geht, wie auch auf dem
117] Hochplateau von Montjoie [3]), in der weitaus in erster Linie stehenden Tuchweberei von den Städten [4]) aus, in welchen die Auftraggeber ihren Geschäftssiz haben. Ohne Zweifel ist für ein gut Teil der starken Bevölkerung nicht nur auf jener Eifeloase [5]), sondern besonders auch im Eupener Kreise [6]), diese über das Land verbreitete industrielle Tätigkeit von ausschlaggebender Bedeutung. In der Aachener Landschaft kommt zu dieser einen Industrie noch eine zweite, Metalle ver-
142] arbeitende [7]) (Stolberg) und, freilich nur an Einem Orte (Esch-
140] weiler [8])) eine beträchtliche [9]), die des Saarbeckens und verhältnismässig auch des Ruhrbeckens weit übersteigende Steinkohlenförderung. Alles in Allem also ein kleiner Industriebezirk, gleich dem Gladbacher und dem Bergischen.

Von sonstigen Industrieen hieher gehöriger Bezirke könnte die berühmte Mülhauser Baumwollindustrie einen Vergleich mit jenen rheinischen wol bestehen [10]). Indem Dieselbe aber einerseits über den ganzen Oberelsass verbreitet ist, speziell auch die Vogesentäler aufgesucht hat, wo wir ihr noch begegnen werden, anderseits, in Mülhausen selber, als lediglich städtische [11]) Grossindustrie sich dem Bereiche dieser Arbeit entzieht, verhindert sie uns, an dieser Stelle von ihr weiter Notiz zu nehmen. Ursprünglich wol auch von Mülhausen ausgegangen, hat auch
110] im Breuschtal des Unterelsass eine teils in grossem Massstab (unteres Breuschtal) [12]), teils wie es scheint im Hause (Steintal und oberes Breuschtal) [13]) betriebene Textilindustrie festgesetzt, ein sehr wichtiger Erwerbszweig für die zahlreiche Bevölkerung.

---

[1]) 1880: 192 bzw. 229. — Ueber Gladbach u. Umgegend im nächsten Abschnitt.
[2]) Büsching VI, 118; Hassel III, 514 ff. — [3]) Hassel III, 518.
[4]) 1806 waren in d. Tuchfabrikation beschäftigt zu Aachen 8000, in and. Orten ebenfalls 3000 Arbeiter. Thun I, 19.
[5]) Hier betrachtet n. Schwerz II, 135 die Bevölk. die Industrie durchaus als Hauptsache und wendet ihr alle Hände und Kapitalien zu.
[6]) Hassel III, 519 f. — [7]) Büsching VI, 129. 506; Hassel III, 513.
[8]) N. Schwerz II, 82 war hier nur 1 Grube geöffnet.
[9]) N. Hassel III, 513 jährlich 100.000 t (Kr. Saarbrücken 40.000 t, vgl. oben), mit deren Förderung n. v. Restorff 117 800 Arb. beschäftigt waren.
[10]) N. Aufschlager II, 157 beschäftigte die gesammte Mülhauser Baumwollindustrie im Oberelsass u. in and. Departements 60.000 Arbeiter und produzirte jährlich für 40 Mill. M.!
[11]) Nur einige benachbarte Orte, Dornach, Lutterbach, sind an der Industrie selbständig beteiligt. Aufschlager II, 160 f.
[12]) Aufschlager II, 236. — [13]) Aufschlager II, 237. 335; Neumann II, 543.

Kaum fällt neben der intensiven Landwirtschaft in's Gewicht die
127] Eisenindustrie [1] im nordwestlichen Teil der elsässischen Bucht. Und
121] weiter unten in der pfälzischen Ebene war in einer Gegend, wo
heute ein Fabrikort sich an den anderen reiht, Frankenthal ein herabgekommenes Städtchen von 3000 Einwohnern und Ludwigshafen, der
gewichtige Konkurrent von Mannheim, nur als „Rheinschanze" vorhanden.
Noch führe ich zwei kleine Gebiete an, von denen zu sprechen
bisher keine Gelegenheit war, die aber durch eine bedeutende Montanindustrie sich auszeichnen. In dem einen Falle sind es die grossen
145] Mühlsteinbrüche im Lavastrom [2] des Laacher Sees (Niedermendig),
ein bedeutender Ausfuhrartikel jener Gegenden seit alter Zeit [3]). Und
zweitens haben Anspruch auf Berücksichtigung die in jener Zeit weitaus
ertragreichsten Salzwerke des behandelten Gebietes, diejenigen von
146] Dieuze, Moyenvic und Château Salins, an der oberen Seille
gelegen. Heutzutage sind diese Produktionsstätten längst überflügelt durch
147. 108] die um 1820 erschlossenen Lager bei Wimpfen am Neckar;
damals aber lieferten dieselben ein alle übrigen Salinen weit hinter sich
lassendes Salzquantum [4] und verschafften sie einer grossen Menge
Menschen [5] Arbeit und Existenzmittel.

V.

Sehr stark bevölkerte Gebiete.

Diejenigen Gebiete, deren relative Bevölkerung 160 auf dem qkm
übersteigt, sezen sich in der Hauptsache zusammen aus den begünstigteren
Flusstälern und einigen als Talhänge zu bezeichnenden, oft langgedehnten
Strecken; dazu treten noch mehrere durch industrielle Tätigkeit oder
sonst wirtschaftlich ausgezeichnete breitere Flächen. Von Flusstälern
nenne ich das Durchbruchstal des Rheins und das der Mosel, den mittleren Teil des Neckartals mit mehreren Seitentälern, die Täler und Talebenen der Ruhr, der Saar und von Tauber und Main, endlich einige
Gebirgstäler der Vogesen, des Schwarzwalds und der Schwäbischen Alb.

---

[1]) Vgl. S. 49. — [2]) v. Dechen, Erläuterungen z. geognost. Karte der
Rheinprovinz. 2 Bde. 1870, 1884. II, 588.
[3]) Büsching VI, 605; Hassel III, 504. Die Generalstabskarte fixirt über 100
Brüche, von denen allerdings viele verlassen sein können.
[4]) Alle 8 Salinen nach Cannabich 264 jährlich 84.000 t; und nur der Holzmangel verbot eine noch grössere Produktion, a. a. O.
148. 78] [5]) Wenn Hall und Nauheim für je 5000 t jährlicher Produktion (Württ.
Jahrbb. 1818, 273; Hassel V, 205) ungefähr 200 Arbeiter beschäftigten (Memminger
335; Hassel V, 205), so ergeben sich, nach dem gleichen Verhältnis, für die Seillesalinen 1400 Arbeiter.

Unter Talhängen verstehe ich uferartige Einfassungen weiter Flusstäler, ausgezeichnet durch eine stärkere Ansammlung der Bevölkerung. Solche finden sich in erster Linie zu beiden Seiten der oberrheinischen Tiefebene, wo sie teilweise unter dem Namen „Bergstrasse" auftreten; in zweiter Linie gehören dazu die Dörferreihe am Abhang der Ville unterhalb Bonn, der Rheingau und der Fuss des Hohen Taunus, das weinbekränzte Bodenseeufer von Ueberlingen und Meersburg.

Endlich von breiteren Flächen — im Gegensaz zu den bisher genannten — welche zum Teil als Talebenen aufgefasst werden können, das Gladbacher und das Bergische Industriegebiet, die Umgebungen von Frankfurt, Strassburg, Klein-Basel, der Kaiserstuhl, und einige durch reiche Kultur ausgezeichnete Plateaus des Neckarlandes.

Inwieweit nun die Täler und Talhänge durch Klima, Boden und Kulturen vor den angrenzenden Gebieten erheblich bevorzugt sind, die stärkere Bevölkerung also auf jene Faktoren direkt zurückgeführt werden kann, das werden wir im Folgenden, wie bisher, besprechen. Hier müssen wir aber, soll die Betrachtung auf Vollständigkeit Anspruch haben, eines weiteren Momentes gedenken, welches gerade diese geographischen Gebilde vor allen anderen auszeichnet und denselben eine Art Monopolvorzug verschafft: es ist die geographische Lage, die Verkehrslage. Denn überall und zu allen Zeiten mag die Aussicht, durch eine gegebene Verkehrsstrasse mit der übrigen Welt in bequemer Verbindung zu bleiben, zur Ansiedelung an Flüssen und Bergstrassen — um diesen Ausdruck hier zu verallgemeinern — in erster Linie veranlasst haben. Bei der allmäligen Besiedelung der umliegenden Gebiete und der Entwicklung des Verkehrs hat dann die Möglichkeit, vom Verkehr selber Nuzen zu ziehen, seine Produkte hier höher verwerten zu können, die dichtere Ansammlung der Bevölkerung begünstigt. Ein Weiteres kommt hinzu. Die wachsende bäuerliche Bevölkerung der Umgegend braucht einen Markt, welcher ihr die landwirtschaftlichen Ueberschüsse abnimmt und sie mit Waaren versorgt. Ob dies nun Waaren sind, welche das Land überhaupt nicht hervorbringt, oder solche, deren Herstellung besondere Fertigkeiten verlangt — immer wieder werden Orte (Städte) an jener Verkehrsstrasse geeigneter sein als andere, diese Dienste zu übernehmen, weil sie für den Bezug am Besten gelegen sind und die technischen Fortschritte am Schnellsten sich zu eigen machen können. Wenn nun gar noch die Beschränkung der meisten gewerblichen Tätigkeiten auf die Städte, das Bannrecht und Dergleichen den natürlichen Verkehrsstrassen ein weiteres Uebergewicht verleihen, dann ist die Monopolstellung fertig.

So bildet sich (von der besonderen Gunst des Klimas u. s. w. immer abgesehen) in Tälern und an Talhängen jene Reihe kleiner Städte, deren Einwohner zu einem grossen, oft dem grössten Teil nicht dem Landbau obliegen, sondern aus Handwerkern, Krämern, Fuhrleuten bestehen und in ihrer Existenz auf die Funktion der Stadt als Markt für die Umgebung angewiesen sind. Daher die stärkere Bevölkerung von Tälern und Talhängen gegenüber zu Verkehrsstrassen ungeeigneten Flächen.

1. Die **klimatisch** bevorzugte Stellung der Täler beruht zunächst auf der geringen Erhebung derselben, kann aber noch weiter gefördert werden durch die Möglichkeit einer günstigen Bestrahlung und ausgiebigen Schuzes vor widrigen Winden und Niederschlägen. Ganz besonders pflegt sich diese bevorzugte Stellung der Täler zu betätigen auf dem Gebiete des Wein- und des Obstbaus.

Die meisten der in Frage kommenden Täler zeichnen sich entweder in ihrem ganzem Verlaufe oder doch in ihren unteren Teilen durch eine geringe Meereshöhe aus. Nur im südlichen Rheingebiet, insbesondere im Neckarland begegnen wir sehr stark bevölkerten Tälern, welche die Höhenschichte von 200 m überschreiten, und auch diese erhalten sich eine solche Volksdichtigkeit nicht weit über die Grenze des Weinbaus, kaum über die des Obstbaus hinaus. So steigt der Hauptstrang des Neckarlandes mit einer enggedrängten Reihe grosser Dörfer und kleiner Städte als sehr dicht bewohnte Tallandschaft bis zu einer Höhe von 300—400 m [1]) hinauf, von der Rebe bis in die Rottenburger Gegend [2]) begleitet. So lassen sich gleicherweise von den Nebentälern Jagst und Kocher den dünn bevölkerten Plateaus als selbständige Dichtigkeitsabschnitte gegenüberstellen ungefähr bis zu dem Punkte, wo der Weinbau aufhört [3]). Wein- und noch mehr Obstbau legen Zeugnis ab, dass in manchen Vogesen- [4]), Schwarzwald- [5]) und besonders Albtälern [6]) die geschüzte Lage ein günstiges Klima [7]) zeitigt in Meereshöhen, welche, ohne den Schuz von windbrechenden und wärmesammelnden Ufermauern, als rauhere zu bezeichnen wären.

Doch diese über 200 m sich erhebenden Täler und Talstufen vertreten ihrer Ausdehnung und Wichtigkeit nach nur die kleinere Hälfte. Schon die Sohle des Neckartales erreicht an der Remsmündung [8]) die Grenze des Tieflandes, welchem auch Jagst [9]) und Kocher [10]), sowie die Tauber [11]), bis weit hinauf angehören. Vor allen Dingen bleiben aber

---

[1]) Neckar an d. Eyachmündung (unterhalb Horb) 367, in Rottenburg 340, Tübingen 317 m.
[2]) N. Memminger 586 wird d. lezte Weinbau getrieben 5 km oberhalb, n. d. Generalstabskarte (1826) 5 km unterhalb Rottenburg (Obernau bzw. Wurmlingenl.
[3]) An der Jagst n. Memminger 144 zu Kirchberg, n. d. Generalstabskarte (1845) zu Langenburg (Jagst an d. Brettachmdg. in d. Mitte zw. Kirchberg u. Langenburg 305 m). Am Kocher kommt Weinbau etwa bis z. Einfluss der Bühler (247 m) vor. Natürlich erreicht d. Weinbau an d. Talhängen grössere Meereshöhen. 149] [4]) Bes. im Münstertal. Büsching III, 954; Cannabich 299; Aufschlager II, 54. 133.
150] [5]) Wein, bes. Obst im Tal d. Kinzig u. Gutach, nach Demian 192 (Hornberg 361, Hausach 243 m).
[6]) Weinbau noch sehr stark zu Metzingen (341 m), Reutlingen (375 m), ferner zu Owen, zu Weilheim unter Teck (383 m); Obstbau in riesiger Ausdehnung noch weiter hinauf zu Pfullingen (426), Ebningen (464), Urach (466 m), im Lenninger Tal. Büsching VII, 412; Memminger 145 f. 317 u. in d. Ortsbeschreibung.
[7]) Temperatur im elsäss. Münstertal (Münster 389 m) während d. Winters höher als draussen in d. Ebene. Aufschlager II, 134. Ebningen bei Reutlingen, 464 m hoch, freilich sehr geschüzt hinter der Achalm gelegen, hatte 1834—40 folgende Durchschnittstemperaturen: Jahr 10,3°; Januar —2,0°; Juli 21.2° — also einen aussergewöhnlich warmen Sommer. Württ. Jahrbb. 1842, 305 (Mannheim, in 116 m Höhe: 20,0° Julitemperatur).
[8]) 202 m. — [9]) Krautheim 232 m. — [10]) Kocher zu Künzelsau 210 m.
[11]) Tauber zu Mergentheim 197 m.

das Rheindurchbruchstal [1]) und das Moseltal in seinem ganzen Verlaufe [2]) — in ihrem Talwege — unter jenen 200 m. Da ausserdem diese beiden Täler in ihrer schluchtartigen Schroffheit und Schmalheit und ihrer tiefen Lage unter den Plateaus des Schiefergebirges von diesen sehr scharf sich abheben, da auf ihre steilen Hänge die Sonnenstrahlen oft senkrecht auffallen, die Schlangenwindungen der Talspalte endlich den Winden [3]) den erfolgreichsten Widerstand entgegensezen können, so finden wir hier die auffallendste klimatische Begünstigung von Tälern, auffallend besonders gegenüber den benachbarten rauhen Plateauflächen.

Die Talhänge, welche wir sämmtlich als Uferstriche weiter Talebenen kennen lernten, haben vor den Lezteren Eines voraus, dass sie nämlich im Rücken mehr oder weniger vollständig gedeckt sind und so gleichsam Spaliere vorstellen. Je steiler hier die Böschung und je geschlossener die Randmauer, je günstiger die Richtung, nach welcher Jene Front macht, um so grösser werden im Allgemeinen die klimatischen Vorzüge der Lage sein. Die beiden langgestreckten oberrheinischen Bergstrassen stehen sich wol als gleich begünstigt gegenüber; denn was die elsässisch-pfälzische an geringerer Meereshöhe [4]) und an besserem Schuz gegen die westlichen Winde voraus hat, Das ersezt die rechtsrheinische durch den Vorteil der ausgiebigeren abendlichen Bestrahlung [5]). Diesen nordsüdlich streichenden Talhängen gegenüber dürfte indess die nach Süden abgedachte Landschaft des Rheingaus klimatisch bevorzugt sein, und dies um so mehr, als die Neigung der meisten Weinlagen, besonders im westlichen Teil, eine ganz beträchtliche ist. Hier ist ja auch das Paradies des deutschen Weinbaus.

Ausserhalb der rheinisch-deutschen Mittelgebirge kann von Weinbau keine Rede mehr sein. Die lezten Spuren finden sich am Talhang der 151] Ville bei Bonn [6]). Weiter draussen, im Jülich'schen und im Bergischen spielt das Klima wol nur insofern noch eine Rolle, als dem 152] ohnehin kargen Boden der bergischen Industriedistrikte durch die teilweise nicht unbeträchtliche Meereshöhe [7]) nicht gerade Vorschub geleistet wird.

---

2. Schon im vorigen Abschnitt ist angedeutet worden, dass bei den Flusstälern nicht nur in dem angeschwemmten Boden ein neues

---

[1]) Bingen 77 m. — [2]) Toul 204, Mosel zu Metz 170 m.
[3]) Nach Bundschuh 53 findet der Weinbau seine Grenze da, wo man in die Region des Windes und Frostes hinauf kommt.
[4]) Auch die hintersten Orte des Hügelkranzes der linkerheinischen Ebene ragen kaum mehr als 100 m über die Leztere empor (Thann 350 — Sennheim 276 — Mülhausen 242, Sulzmatt 275 — Rufach 205, Rappoltsweiler 241 — Bergheim ca. 240 — Gemar ca. 180 m). — Dagegen steigen die Löss- und Granitschichten d. östl. Bergstrasse mit stattlichen Ortschaften oft weit über die Basis in d. Ebene hinauf (Müllheim 260 — Badenweiler 422 m, in d. Offenburger Gegend Weinbau bis 300 m Höhe [Beiträge XXV, 4], während Offenburg selber 164 m hoch].
[5]) Sehr warmes Klima an d. Hängen d. Offenburger Gegend. Beiträge XXV, 4.
[6]) Vor 60 Jahren noch häufiger als jezt. Die Generalstabskarte (1848) führt noch eine Menge v. Weinbergen, sogar in der Ebene auf.
[7]) Solingen 240, Remscheid 341, Rade vorm Walde 376 m.

geognostisches Produkt auftreten werde, sondern dass daneben die bis dahin mehr und mehr verlassenen Schichtenböden wieder eine bedeutsame Rolle spielen. Der Kreislauf vollendet sich damit: ausgehend von den rauhen, bewaldeten, schwach bevölkerten Gebirgen und Plateaus, von hier aus immer weiter in die Ebenen hinabsteigend zu breiten, fruchtreichen, dicht bevölkerten Flächen, treffen wir jezt in engen Durchbruchstälern wieder im Bereiche der Gebirge ein, die wir längst verlassen haben.

Wie vorhin bei der Betrachtung der klimatischen Stellung der Täler, so lässt sich hier eine Steigerung, im Sinne der wachsenden Bedeutung der Schichtenböden, beobachten, wenn man vom Neckarsystem ausgeht und bei den Tälern des Schiefergebirges endigt. Auch insofern findet eine Steigerung statt, als das Neckarland mit oft wenig steilen und fast durchaus niedrigen Talhängen gegen die begrenzenden Plateaulandschaften bei Weitem nicht so schroff absticht, als dies bei dem Schiefergebirge und dessen Tälern der Fall ist.

Angeschwemmte, Alluvialböden finden sich zunächst in allen Flusstälern, wo sie, eben und nur wenig über dem Niveau des Wassers liegend, sehr häufig als Wiesland Verwendung finden. Besonders die breiteren Täler, wie das der Saar, auch der Tauber, des Neckars, des Rheins an mehreren Stellen[1]), und andere zeigen die Talsohle meist hoch mit Alluvionen bedeckt. In diesen feuchten, horizontal gelegenen Böden kann natürlich von Weinbau keine Rede sein.

Lehm und Löss nehmen eine wichtige Stellung ein nicht sowohl in Tälern, als auf Plateaus und an Talhängen des südlichen Rheingebietes. Der 158. 159. 160] Lehm der Muschelkalkplateaus [2]) des Neckarlandes begegnet uns auch hier wieder, das Gestein fast überall und in beträchtlicher Mächtigkeit [3]) bedeckend; die reichsten Fruchtkammern Altwürttembergs liegen auf diesen Böden. Diesen Lehmplateaus gegenüber findet der Lehm der oberrheinischen Tiefebene, hier Löss genannt, seine Hauptverbreitung auf den untersten Abhängen der einfassenden Gebirge, wo er in wenig unterbrochenem Zuge von Basel bis gegen Darmstadt[4]) und von der burgundischen Pforte bis nach Rheinhessen hin [5]) sich erstreckt, rechts vom Rhein meist mit unserer Kurve zusammenfallend, links darüber hinaus greifend. Alle Kulturen, Ackergewächse sowol als Wein, Obst, Kastanien finden in diesem Löss einen dankbaren Boden [6]), und da eben dieser Löss es ist, welcher mitunter weithin [7]) den ursprünglich ganz schroffen Abfall des Gebirges mildert, indem er zwischen Berg und Ebene eine Art von hügeligem Wulst einschiebt, so ist er in solchen Fällen geradezu als der Schöpfer dieser üppigen Zone zu betrachten. 161. 162] Auch die vulkanischen Inseln der Rheinebene überdeckt stellenweise der Löss [8]).

---

[1]) Besonders auch in der Mündungsebene der Ruhr, wo ein fetter Kleiboden angeschwemmt ist. Meitzen, Atlas Taf. IV; Hassel III, 455. Vgl. oben S. 54.
[2]) D. Kgr. Württemberg. 3 Bde. 1882—86. I, 257.
[3]) Beschreibung d. OA. Brackenheim. 1878. S. 26.
[4]) Vgl. Geolog. Karte v. Baden, 1:400.000 (von Platz) in D. GHt. Baden; Walther 68 (Hessische Bergstrasse).
[5]) Ausgezeichnete Lehmböden zwischen Ill und Vogesen. Schwerz 6 ff.
[6]) Vgl. Beiträge (Baden) XVI, 2; XXV, 4.
[7]) Besonders in der Offenburger Gegend. — [8]) Beiträge (Baden) XII, 19.

Von Schichten- (und gemischten) Böden sind kaum nennenswert vertreten diejenigen des Tertiärs [1]). Der Jura tritt in mehreren Albtälern auf, gewinnt aber Wichtigkeit nur in seinen älteren Horizonten, insbesondere dem Lias. Neckar und einige Seitenbäche durchbrechen Dieselben in kurzen und im Allgemeinen wenig schroffen Tälern, haben aber an einigen Stellen doch Böschungen herausgenagt, welche dem Liasboden Gelegenheit geben, seine erstaunliche Veranlagung für den Weinbau [2]) zu entwickeln. Auch die besseren Weinlagen des lothringischen Moseltals [3]) gehören dem Lias an.

Von weit grösserer Ausdehnung und Bedeutung sind aber die Schichtenböden der schwäbisch-fränkischen Trias. Wenn wir von den bereits angeführten Lehmböden der Neckarplateaus absehen, so sind alle Böden des altwürttembergischen Neckarlandes, von Esslingen abwärts, und des württembergisch-badischen Franken aus verwitterten Gesteinen der Trias entstanden, und tragen alle mit wenigen Ausnahmen Weinberge. Auf die Keuperformation [4]) fällt der Löwenanteil: die meist steilen Hänge der auf den Muschelkalkplateaus aufgesetzten Bergketten, rings um die Täler von Stuttgart und Esslingen, um die weite Frucht- 158. 160] ebene von Waiblingen, des Strom- und des Heuchelbergs, 163] der Hügel von Heilbronn und des ganzen Weinsberger Tals, sie alle sind dicht, fast ununterbrochen mit Reben bestockt und liefern die Hauptmasse der Erträge des württembergischen Weinbaus. Dagegen zeitigen die heissen, steinigen Muschelkalkböden des eigentlichen Neckartals von Kanstatt abwärts und des oberen Taubertals, auch von Jagst und Kocher die besten Weine Württembergs [5]). Und schliesslich nimmt noch die Buntsandsteinformation Anteil an den Schichtenböden der Talhänge, indem ihr der untere, grössere Teil des Taubertals und das kurze Stück des anschliessenden Maintals zufällt, in welchen beiden gleichfalls der Weinbau alle günstigen Lagen in Anspruch nimmt.

Die Kohlenformation, in welche das ganze Ruhrtal eingeschnitten ist, leitet hinüber zu den sehr wichtigen Böden des Schiefergebirges. Nur beiläufig erinnere ich an das Bergische, dessen Boden, auf den hohen Plateaus von Remscheid, Solingen und Velbert anscheinend von geringer Qualität [6]), erst gegen das Rheintal hinunter sich dem sorgfältigen Anbau dankbarer [7]) erweist, während die der Senke von Elberfeld-Barmen und über die Schwelmer Wasserscheide [8]) hinüber dem Enneper, später dem Tale von Iserlohn folgende Kalkzone [9]) in ihrer den Boden verbessernden Wirkung neben der industriellen Tätigkeit nicht zum Ausdruck kommen kann.

---

[1]) Am Abhang der Haardt, im Main- u. Rheingau, am Bodensee.
[2]) In d. Weinbergen v. Metzingen u. Reutlingen Erträge bis zu 2 hl auf dem Ar! Fraas 207 (Württemberg 1827—82 jährlich durchschnittlich 22 hl per ha (0,2 per a) der im Ertrag stehenden Fläche; Taubergegend (Minimum) 13, Bodenseegegend (Max.) 44 hl p. ha. D. Kgr. Württemberg II, Tab. S. 517).
[3]) Scy am südlichen Abhang d. Mont St. Quentin über Metz. Huhn 276.
[4]) Vgl. D. Kgr. Württemberg I, 258. — [5]) D. Kgr. Württemberg I, 257. 402.
[6]) Viebahn I, 10. 138; Meitzen I, 288 (Kreis Lennep); Hassel III, 464 (Kr. Mettmann). — [7]) Viebahn I, 139; Meitzen I, 289.
[8]) Bahnhof Barmen 157, B. Schwelm 281, B. Gevelsberg 188, B Hagen 106 m.
[9]) Meitzen I, 279.

Zu den Flusstälern des Schiefergebirges uns wendend, müssen wir in erster Linie das Moseltal nennen, welches in etwa 170 km langer Schlucht das Gebirge durchbricht. Die zahlreichen Windungen, die Steilheit der Hänge, die wärmehaltende Natur der Schieferböden vereinigen sich hier mit der Milde des Klimas [1]), um einen äusserst starken Weinbau [2]) zu begünstigen. Der mittlere Teil des Tales ist der Hauptsiz dieser Kultur. Der Mosel reihen sich an die Talhänge des Rheins von Wiesbaden (eigentlich schon von Hochheim am Main) an bis zum Austritt in die Kölner Bucht, mit Ausnahme einiger vulkanischer Böden durchaus auf Schiefer gelegen. Auch hier bekanntlich ausgiebiger Weinbau, wo nur die Stärke der Böschung und die Sonnenlage Erfolg verheissen, da zudem oft einzig die Rebe geeignet ist, den öden, abgeholzten Hängen, da und dort mittelst Terrassenkultur [3]), einen Ertrag abzu-
164] gewinnen. Das Gleiche gilt vom hinteren Ahrtal, wo man gleichfalls zu Terrassenbau [4]) schreiten muss, um nur den kostbaren Schieferboden für die Rebe nuzbar zu machen.

165] Die vulkanischen Böden des Koblenzer Beckens und des Siebengebirges stehen an Ausdehnung und Wichtigkeit demjenigen des Kaiser-
162] stuhls in der Rheinebene weit nach, dessen fruchtbare Dolerithügel bis hoch hinauf die üppigste Vegetation [5]) tragen. Von den zum Teil in die ältesten Formationen eingesenkten Vogesentälern endlich scheint
149] dasjenige von Münster auch in Bezug auf die Ertragsfähigkeit des Bodens [6]) das bevorzugteste zu sein.

Damit wäre unser Rundgang durch Alluvial-, Lehm- und Schichtenböden beendigt.

3. **Pflanzendecke.** Sehr kurz können wir uns in diesem Abschnitt über die das landwirtschaftlich zu benuzende Areal einschränkenden Kulturen oder Oedländereien fassen. In den Flusstälern mit sanfteren und niedrigeren Abhängen weist man begreiflicherweise, bei der Knappheit des verfügbaren Bodens, die noch durch den Pflug oder gar als Weinberge zu bearbeitenden Stellen nicht gern dem Walde an. Nur wo die Höhe und Schroffheit der Talhänge den Anbau der Rebe klimatisch und wirtschaftlich unmöglich macht, da muss man zu einer extensiveren Art der Benuzung schreiten. Desshalb sind die hohen Wände der Täler des Schiefergebirges, wofern sie nicht felsig, oft bewaldet und — besonders das des Rheins — noch öfter wildem Graswuchs und Gestrüpp überlassen. Sehr ausgedehnt sind ferner die freilich saftigeren [7]) Weiden des schwarzen und braunen Jura an den Abhängen der Albtraufe.

Dem Walde fällt bei mehreren der breiteren Flächen mit sehr

---

[1]) Vgl. Daniel III, 375 f.
[2]) N. Meitzen II, 270 waren 1850 v. sämmtl. (12.000 ha) Weinbergen d. Rheinprovinz 46 %, an d. Mosel, 25 am Rhein. 14 an d. Nahe, u. s. w.
[3]) Daniel III, 367. — [4]) Meitzen II, 274.
[5]) D. GHt. Baden 20; Daniel III, 346. — [6]) Aufschlager II, 27. 134.
[7]) Vgl. D. Kgr. Württemberg II, 475.

starker Bevölkerung ein nicht unbeträchtlicher Teil des Gesammtareals zu. Und Dies fällt als eine entsprechende Verminderung der Möglichkeit des Erwerbs aus landwirtschaftlicher Tätigkeit natürlich schwerer in's Gewicht als bei weniger intensivem Landbau und schwächerer Bevölkerung.

162] Den Kaiserstuhl krönt ein geschlossener Waldkomplex. — Die nach Kleve'schem Brauch über das Land zerstreuten zahllosen Wald-
170] parzellen des Gladbacher Industriebezirks summiren sich mit dem teils von Holzungen, teils von nassen Wiesen bedeckten bruchigen Terrain zu einem ansehnlichen Prozentsaz

Kreis Gladbach 1878: 16 % Wald

dem Landbau entzogenen Areals. Viel bedeutender aber ist das Leztere auf den hinteren Plateaus des Herzogtums Berg: der Kreis Lennep, mit im Jahre 1819 147 Einwohnern auf dem qkm verfügte[1]) über eine landwirtschaftlich benuzbare Fläche (Weiden eingeschlossen) von noch nicht ganz 50 %, welchen 48 % Wald[2]) gegenüberstanden! Nach Westen zu lichten sich die Waldbestände allmälig zu Gunsten des landwirtschaftlichen Kulturlandes, und wenn die Kreise Mettmann und Solingen noch 29 und 25 % Wald[1]) aufweisen[3]), so gehören diese nur zu sehr geringen Teilen den Abhängen gegen die Rheinebene und dieser selbst an.

4. In ähnlicher Weise, wie wir Dies für die orographische Gestaltung und für die Natur der Böden nachgewiesen haben, stellt auch die Art der **Bodenbenuzung** in den das Maximum von Bevölkerung vereinigenden Flusstälern nicht das lezte Glied einer im Sinne der fortwährenden Vervollkommnung sich entwickelnden Stufenreihe dar. Vielmehr tritt hier ebenfalls eine Art Rückschritt ein, nachdem der Höhepunkt bei den elsässisch-pfälzischen Fruchtebenen erreicht ist. Ganz natürlich. Denn erstens ist — Dies liegt schon in dem Begriff des Tales — die unebene, oft steile Fläche der Talhänge dem Feldbau nicht günstig[4]). Zweitens wird nur in einzelnen Fällen die Fruchtbarkeit der Alluvialböden des Tales und der Schichtenböden der Hänge derjenigen gewisser berühmter Lehmböden gleichkommen. Und drittens bringt der Umstand, dass in den meisten Tälern durch die Grundwasser- und Ueberschwemmungsverhältnisse ein oft sehr beträchtliches Areal als natürliches Grasland gegeben ist, ein Gebundensein der Landwirtschaft mit sich, welches bei hoch gesteigerter Kultur einer Hemmung gleichkommen kann.

In diesen gleichen Verhältnissen der Talhänge liegt aber auch wieder die wirtschaftliche Kraft der Täler. Dem Nachteil steht ein grösserer Vorteil gegenüber. Die Mitwirkung des Klimas vorausgesetzt

---

[1]) n. d. Kataster. Viebahn I, Tab. S. 141.
[2]) 1878: 44 % Wald, bei 311 Dicht. — [3]) 1878 nur noch 21 bzw. 17 %.
[4]) Aehnlich wirkt die oft, besonders bei schmalen Tälern, unabweisliche Notwendigkeit, die Feldmark auf die angrenzenden Plateaus auszudehnen, wofern die Höhendifferenz nicht allzu gross ist (Täler des Schiefergebirges!)

— und diese Voraussezung trifft ja für die meisten Täler des Rheinischen Deutschland zu — begünstigt nämlich die zunehmende Steilheit der Hänge in eben dem Masse, in welchem sie dem Ackerbau Schwierigkeiten bereitet, den Anbau der edlen Rebe. Kein Hang ist so steil, dass er nicht, wenn es sein muss mittelst Terrassenkultur, dem Weinstock ein willkommenes Terrain böte. Denn je stärker die Böschung, um so senkrechter fallen die Strahlen auf, um so ergiebiger strahlt der Boden die Wärme zurück. Wo der Winzer noch Fuss fassen kann, da ist auch ein Weinbau möglich.

Und wie die äussere Form des Bodens, so wirkt die Beschaffenheit. Was den Ackerbau abstösst, das zieht den Weinstock an. Jene steinigen, lockeren, heissen Schichtenböden, welche der Schrecken des Ackerbauers sind, gerade sie zeitigen die feurigsten Weine, und während der Lehm das eigentliche Brotflöz ist, alluviales Schwemmland die saftigsten Wiesen trägt, vermisst die Rebe in diesen Böden die scharfe Individualität.

Was hier für die Täler gesagt worden, das gilt im Allgemeinen natürlich auch für die Hänge einer weiten Talebene, mit der nötigen Einschränkung auf Grund der Tatsache, dass die Feldmarken der Dörfer einer Bergstrasse auf der einen Seite die unbegrenzte Ebene zur Verfügung haben.

So führt der Weinbau die Täler der bevorzugten Stellung wieder zu, welcher dieselben wegen ihrer mangelhaften Veranlagung für den Ackerbau verlustig zu gehen drohten. Ich verfahre daher a potiori, wenn ich nach der verhältnismässigen Wichtigkeit des Weinbaus die Landwirtschaft der sehr stark bevölkerten Täler (und übrigen Flächen) gruppire.

Der Rebe verschlossen bleiben aus klimatischen Gründen die Bezirke am Niederrhein. Die weit überwiegende industrielle Tätigkeit lässt die Bodenbenuzung überhaupt in den Hintergrund treten. Im 170] Distrikt von München-Gladbach legt die stark entwickelte Leinenindustrie den Anbau des Rohstoffs [1]) nahe, und ausserdem bringt es die zerstreute Anlage der Wohnungen mit sich, dass ein recht erheblicher Teil des Areals von Hausgärten eingenommen wird. Diese intensivere Wirtschaft, der fast nur Getreide bauenden des Jülicher Landes [2]) gegenübergestellt, mag desshalb den durch geringere Bodenqualität und stärkere Waldbedeckung entstehenden Ausfall wieder gut machen.

Einen noch kleineren Teil des Gesammtbedarfs der sehr zahlreichen 152] Bevölkerung deckt der Landbau in den rechtsrheinischen Industriegebieten. Klima, Boden [3]) und Waldareal drängen Denselben in eine untergeordnete Stellung zurück. Nicht einmal der Zudrang zum Grundbesiz, der Preis des Grund und Bodens und der Pachten soll nach Viebahn [4]) der grossen Dichtigkeit entsprechen. Sicherlich hängt diese Tatsache mit der Organisation der industriellen Tätigkeit [5]) zusammen,

---

[1]) Hassel III, 472; Viebahn I, 146; Cotta I, 168. — [2]) Vgl. S. 77.
[3]) Mühsamer und geringer Ackerbau in den Kreisen Lennep und Mettmann. Hassel III, 468. 464. Von Feldfrüchten kommen nur Roggen, Hafer, Kartoffeln gut fort. Viebahn I, 138.
[4]) I, 138. Die nächste Umgebung von Elberfeld, Barmen, Remscheid nimmt V. bei dieser Mitteilung aus. — [5]) Vgl. unten.

welche, durchaus im eigenen Hause betrieben, für anderweitige Beschäftigung kaum Zeit übrig lässt, eventuell auf einem kleinen, an das Hauswesen grenzenden Stück Feld[1]) die überschüssige Arbeitskraft verwerten kann. In Wirtschaften aber, in denen die Landwirtschaft Haupterwerbsquelle ist, da neigt diese, den Absazverhältnissen gemäss, mehr nach der Viehzucht[2]) hin, und richtet, von dem natürlichen Grasland

Kreise	Acker	Wiese	Weide	
Mettmann	82	11	7	% d. landw. Areals
Solingen	82	8	10	
Lennep	73	16	11	

nicht dem Bedürfnis entsprechend unterstüzt, ihre Betriebsart[3]) darnach ein. Erst an den milderen, der Rheinebene zugekehrten Abhängen kommt der Landbau zu seinem Rechte, und produzirt in sehr mannigfaltigem[4]), fleissigem Anbau besonders wertvollere Früchte[5]).

Keinen Wein, dafür aber Baumfrüchte[6]) in grossen Mengen liefern 172] die Taunusbezirke von Homburg, Kronberg, Königstein, Gartengewächse die Ebenen von Frankfurt[7]) und Strassburg[8]). Ganz ausser dem Bereiche des Weinbaus liegen ausserdem im südlichen Deutschland nur wenige und unbedeutende Talschaften, zum grösseren Teil in den weissen Jura eingebettet und schon allzu rauh gelegen; es sind Hochtäler mit wenig dankbarem Ackerbau, nur geringem Obstbau[9]), nicht unbeträchtlicher Industrie: die Täler von Tuttlingen-175. 176. 177] Spaichingen, von Ebingen-Balingen, der oberen Fils, 178] von Brenz und Kocher.

Einige im Umfang des Schiefergebirges oder in dessen Nähe liegende Täler und Talhänge leiten zu den weinbauenden hinüber. 179] Das breite Tal der mittleren Saar, obwol die Tieflandsgrenze nach oben nicht erreichend[10]), bietet bei seinen besonders gegen Süden niedrigen und flachen Hängen nicht die klimatische Gewähr für das

---

[1]) Dass Dieses nicht die Regel bildet, scheint aus der Bemerkung Viebahn's, I, 138, hervorzugehen, dass die Parzellirung nicht übermässig sich entwickelt habe, indem ¹/₂ ha die Durchschnittsgrösse einer Parzelle, 4 ha diej. eines Gutes sei. (Im Neckarkreis war eine Parzelle incl. Wald 1852 nur 22 a = ¹/₅ ha gross. Württ. Jahrbb. 1852 II, Tab. N. 7.)
[2]) Milch und Schlachtvieh. Viebahn I, 138.
[3]) E. Art Wechselwirtschaft: d. Acker alle 4 Jahre zu Gras liegen gelassen. Viebahn I, 138. Trozdem noch zu viel Vieh, die Ueberwinterung desselben schwierig, Viebahn I, 143, obschon z. B. Kr. Solingen 1821 nur 2 %, Pferde, 23 % Rindvieh, Kreis Lennep 1 bzw. 22 % hatte. Beiträge 1821, Tab.
[4]) Viebahn I, 139.
[5]) Viebahn I, 139. Auch Obst. Viebahn I, 139. 143; Meitzen II, 265.
[6]) Stärkster Obstbau in Nassau. Vogel 443. 846; Demian 261 f.
[7]) Hassel V, 775 f.
[8]) Die weinbekränzten Ausläufer des Kochersbergs nordwestlich v. Strassburg gehören geognostisch, orographisch und landwirtschaftlich nicht mehr ber Edene an. — Im Uebrigen s. Schwerz 32; Cannabich 285; Aufschlager II, 213. 227. 996.
[9]) Das Filstal ist erst v. Geislingen abwärts, also ausserhalb des Juragebirges sehr obstreich. Memminger 145. 648. — [10]) Saarbrücken 183 m.

Gedeihen des Weinstocks, betreibt aber einen sorgfältigen Ackerbau[1]). Etwas häufigere Weinlagen weisen auf die Abhänge des Wieder 165. 164] Beckens[2]), des unteren Ahrtals und, noch bis in die 151] Gegend von Bonn[3]), des linken unteren Rheinufers; Gärten und Obstpflanzungen[4]) lösen weiterhin die Rebe ab.

Im südlichen Deutschland gehören die Vogesentäler noch zu denjenigen Bezirken, in welchen der Weinbau nur Ausnahme[5]) ist. Die grosse Ausdehnung und vortreffliche Beschaffenheit[6]) der Weiden und Wiesen lassen hier die Viehzucht[7]) als weitaus wichtigsten Zweig der Landwirtschaft erscheinen, neben welchem Ackerbau, Obstzucht und, im 149] Münstertal, sogar die industrielle Arbeit zurücktreten. Auch die langgestreckten Uferhänge der Rheinebene sind durchaus nicht überall mit Reben bewachsen. Vielmehr konzentrirt sich der Weinbau an mehreren durch Bodenverhältnisse besonders begünstigten Stellen, während andere Teile der Bergstrasse darin weniger bevorzugt sind. Zu diesen Lezteren gehört einmal links vom Rhein der breite Streifen 180] zwischen Queich und Lauter, welcher bei Weitem nicht so dichtgedrängte Weinberge trägt, wie die nördlicheren Abschnitte des pfälzischen Hügellandes. Und rechts vom Rhein sind es besonders Teile der nördlichen Bergstrasse, zwischen Neckar und Oosbach, die strichweise[8]) gar keine Reben tragen.

Sehr mannigfaltig gestaltet sich die Beziehung der Landwirtschaft zum Wein- und Obstbau im Tale des oberen Neckar und in den kleinen, aber hochinteressanten Seitentälern. Wie überall, so bestimmen auch hier Lage und Bodenbeschaffenheit die Ertragsfähigkeit des Weinstocks und des Obstbaums, und nirgends sind auf kleinem Raume die Bedingungen so rasch wechselnde. Wo, wie in der Tübinger Gegend, das Neckartal durch ziemlich schroffe Keuperhänge begrenzt wird, oder wo, wie bei Reutlingen, Metzingen, Dettingen, und weiter nach Osten, jurassische und vulkanische Verwitterungsböden bei südlicher oder sonst günstiger Lage hohe Erträge[9]) versprechen, da spielen noch einmal, als äusserste gegen das Oberland vorgeschobene Posten, die Weinberge eine bedeutsame Rolle in dem Erwerbsleben[10]). Wir finden nämlich (1878) an Weinbergen im

Oberamt Tübingen 202, Reutlingen 418, Urach 222 ha

u. s. w., welche sich alle in den Tälern des Neckar, der Ammer, Echaz, Erms zusammendrängen. — Die flacheren Hänge dagegen der weiten Talebenen von Rottenburg-Tübingen und von Nürtingen werden in ge-

---

[1]) Bärsch I, 13. 320. — [2]) Etwas Weinbau n. Hassel III, 497.
[3]) N. Büsching VI, 610 sogar guter Wein. Doch wurde hier allein von 1849 bis 1857 $^1/_2$ aller Weinberge in Gärten umgeschaffen. Meitzen II, 274.
[4]) Meitzen II, 265.
[5]) Erwähnt wird Weinbau im Tal von Münster. Büsching III, 954; Auf-
181] schlager II, 133 — im Thurtal. Aufschlager II, 170.
[6]) Vgl. S. 39.
[7]) Besonders Käserei. Cannabich 294 300; Aufschlager II, 47. 90. 183 f. Schönes Vieh, welchem man sonst im Elsass kaum begegnet. Büsching III, 954; Cannabich 294.
[8]) S. topogr. Karte. — [9]) s. S. 85, Anm. 2.
[10]) Z. B. in Metzingen, n. Memminger 572: „starker, äusserst ergieb. Weinbau".

wöhnlicher Betriebsform als Aecker bearbeitet und ergänzen sich durch breite Flusswiesen; auch dem Obstbau kommt hier nicht die Bedeutung zu, die er unterhalb des Neckarknies gewinnt.

Eine ganz andere Richtung nimmt wieder die Bodenbenuzung in den Tälern innerhalb des weissen Jura und am Fusse desselben. Die steilen Abhänge des Gebirges sind, wenn nicht mit Laubwald verkleidet, von prächtigen Weiden[1])

Oberamt Nürtingen 9, Kirchheim 10, Urach 13, Reutlingen 16
% d. Oberfläche

bedeckt, die besonders für die Schafzucht[2]) ausgenuzt werden. In den Tälern selber sehr ausgedehnte Wiesen, und auf diesen wieder Wälder von Obstbäumen, wie sie dichter sonst nirgends stehen. Zweifellos liefern die ungeheuren Erträge dieser Obstpflanzungen[3]) einen sehr erheblichen Beitrag zu der Ernährung der dichten Bevölkerung; wie aber Ackerbau, Viehzucht und Obstbau (eventuell auch Industrie) sich in die Beschaffung der Existenzmittel teilen, das erlauben die Quellen nicht zu entscheiden.

Mit dem Eintritt des Neckars in die Keuperberge, unterhalb Plochingen, treten wir in das weingesegnete untere Neckarland, welches die Reihe der eigentlichen Weingegenden eröffnen mag. In diesem Neckarland vereinigt sich ein auf's Höchste gesteigerter Ackerbau[4]) mit dem grossen Erträgen des Weinbaus, strichweise (Esslinger Steige) auch des Obstes, um, durch eine längst Tatsache gewordene unbegrenzte Teilbarkeit[5]) des Grundbesizes bedingt und unterstüzt, eine Dichtigkeit der Bevölkerung

1821 Oberamt Besigheim 159, Waiblingen 172, Kanstatt (Land) 181[6])

zu ermöglichen, wie sie, auf breiteren Flächen[7]), sonst nicht wieder vorkommt. Heutzutage haben freilich die Kohlenindustriebezirke dieses Verhältnis der Bevölkerung zum Areal weit überboten[8]); schwerlich wird dasselbe aber auch heute noch in deutschen Landen seines Gleichen finden, so weit es, wie damals am Neckar, fast nur auf der Bodenbenuzung beruht[9]).

In der Flanke des Neckarlandes nenne ich noch ein kleines, isolirtes,

---

[1]) Vgl. D. Kgr. Württemberg II, 475. N. d. Landesvermessung, Württ. Jahrbb. 1852 II. Die heiden zulezt genannten Oberämter greifen allerdings weit auf die Hochebene der Alb über.
[2]) Vgl. D. Kgr. Württemberg II, 475. Im Sommer ernähren s. die Heerden auf den Plateauflächen der Alb, vgl. S. 37.
[3]) Vgl. oben Dorf Gönningen, S. 78, Anm. 3. Auch Memminger 566 u. an and. St.; Beschreib. d. OA. Reutlingen 59 f.; u. s. w.
[4]) Vgl. unt. And. Memminger 552. 557; Beschreib. d. OA. Brackenheim 97.
[5]) s. S. 19, Anm. 4.
[6]) Leider treffen die Grenzen d. Verwaltungsbezirke nirgends vollständig mit unseren Kurven zusammen.
[7]) Im Elsass u. in d. Pfalz kommen auf d. schmaleren Talhängen allerdings noch stärkere Dichtigkeitsgrade vor.
[8]) 1880 Kreis Bochum Land 576, Essen Land 624.
[9]) Freilich hat auch d. ganze untere Neckarland, wofern nicht spätere industriell-städtische Einflüsse überwiegend waren, schon 1820 das Ziel d. Bevölk. so gut wie erreicht, und es hat die Krise der fünfziger Jahre noch heute nicht

aber wichtiges Weinland, das Tal der Tauber, wo indess, wie es scheint, neben dem sehr bedeutenden Weinbau
1878 BA. Tauberbischofsheim 3146, OA. Mergentheim 1863 ha, also mindestens 20—30 % der Gesammtfläche des Tales doch die übrige Landwirtschaft [1]) sich behaupten kann.

In der badisch-hessischen Bergstrasse hat auch südlich des Oosbachs der Weinbau nicht überall die gleiche lokale Bedeutung; doch würde es zu weit führen diesen Abweichungen nachzugehen. Es genüge zu konstatiren, dass hier nirgends der Weinbau eine solche dominirende 162] Stellung einnimmt wie wol jenseits des Rheins — den Kaiserstuhl vielleicht ausgenommen, der ja ein ganz selbständiges Gebilde ist. Vielmehr scheinen hier jene Dörfer [2]) zu fehlen, deren wirtschaftliche Existenz lediglich auf dem Weine beruht. Wo nämlich die Orte der Bergstrasse aus einer einzigen Reihe bestehen, da kann die Landwirtschaft in der Ebene links und im Hügelland rechts Fuss fassen; wo aber hinter den eigentlichen niedrigen Hang sich ein breiteres hügeliges Gelände einschiebt, da beschränkt sich die Rebe in der Regel auf die besten Lagen und überlässt den weit grösseren Rest der Feldmarken den Aeckern und Wiesen. So nahmen 1878 im BA. Bühl die Weinberge (welche sich natürlich auf der Bergstrasse zusammendrängen) 806 ha ein, also nur etwa $^1/_7$ des ganzen Areals der betreffenden Strecke, und sogar im BA. Offenburg, wo der Weinbau am Stärksten, nicht mehr als den 4. Teil. Der Segen eines gesunden, nicht zu Gunsten des Weinbaus verschobenen Verhältnisses zwischen Ackerbau und Weinbau wird auch wol, für das Markgrafenland [3]), besonders betont, da dasselbe den Wohlstand [4]) des Landes begründet habe — vielleicht im Hinblick auf den Kaiserstuhl, wo wenigstens im Innern das Acker- und Wiesland knapp zugemessen ist.

Viel wichtiger als an der badisch-hessischen Bergstrasse ist der Weinbau in den entsprechenden Lagen der linksufrigen Rheinebene. Hier sind weite Strecken, bei Rufach, zwischen Kolmar und Schlettstadt, von Schlettstadt bis zur Breusch, vom Speierbach nach

---

überwunden (gleich wie d. obere Neckarland, s. S. 61, Anm. 9). Die Dicht. war nämlich in den Jahren

Oberämter	1821	1846	1855	1880
Kanstatt (Land) .	181	218	218	266
Esslingen (Land) .	126	168	137	162
Waiblingen . . .	172	199	176	190
Brackenheim . .	100	116	106	110
Weinsberg . . .	109	121	106	113
Besigheim . . .	159	170	158	164
Schorndorf . . .	189	155	131	133

[1]) Vgl. die Kulturen d. Feldmarken auf d. topogr. Karten.
[2]) Vgl folg. S. — [3]) Bader I, 143.
[4]) Aehnlich bei einigen ehemals pfälz. Orten d. eigentl. Bergstrasse, mit ausgezeichnetem Acker- und Weinbau. Hassel V, 100; Heunisch 756. 768.

Norden bis zur Hälfte und darüber von Weinbergen[1]) bedeckt, ja südlich von Neustadt an der Haardt ist der ganze in die Ebene vorgeschobene Wulst in der Breite von zwei, sogar vier Kilometern Ein einziger Weinberg[2]). Folgende Ziffern mögen Dies veranschaulichen:

1878 Kreis Rappoltsweiler auf etwa 80 qkm Bergstrasse 4229 ha Weinberge,
„ Oberelsass (Thann-Schlettstadt) auf 60 × 3—4 km Bergstrasse 106 qkm Weinberge,
ca. 1860 Kanton Barr auf 100 ha landw. Areal 39 ha Acker, 24 Wiese, 6 Weide, 31 Weinberg[3]),
1878 BA. Neustadt auf etwa 100 qkm Bergstrasse 52 qkm Weinberge.

Die enorme, die Grenze von 200 Seelen auf dem qkm erheblich übersteigende Bevölkerung (z. B. zwischen Edenkoben und Dürkheim (a. d. Haardt) etwa 300) ist demnach erklärlich; erklärlich freilich auch, dass hier eine weitere Steigerung des Bodenertrags und der Bevölkerung[4]) unmöglich sein muss. Der Ackerbau und die Viehzucht, soweit solchen überhaupt Land zur Verfügung steht — und wie unbedeutend oft der Anteil derselben an Grund und Boden ist, möge die folgende Tabelle (1878) zeigen[5]):

Feldmarken	landw. benuzt	davon Weinberge
Ammerschweier . . .	697	413
Türkheim	723	476
Reichenweier	384	277
Katzenthal	219	182
Hunaweier	283	255
Kienzheim	286	268 !

— auch wol die strichweise bedeutende Obstzucht[6]) spielen hier lediglich

---

[1]) Ganz besonders stark ist d. Weinbau auf d. isolirten Hügeln, wie sie in d. Gegend v. Molsheim, Rosheim, Rappoltsweiler, Rufach vorkommen.
[2]) Vgl. Karte d. Dt. Reiches, Bl. 557, Neustadt an d. Hardt.
[3]) Description IV, Tab. I.
[4]) Die Orte des ganzen elsäss. Weinzone haben von 1821 bis 1871 ihre Einwohnerzahlen höchstens in negativem Sinne verändert. Vgl. die Zahlen im topogr. Teil bei Aufschlager II (1821) gegenüber denjenigen bei Neumann II (1871). Aehnlich in der Weinregion der Pfalz. Hier hatten Einw. (von Süden nach Norden) die

Gemeinden	ca. 1830	1880
Albersweiler-St. Johann . .	2030	2186
Maikammer-Alsterweiler . .	2400	2461
Edesheim	2050	2021
Edenkoben	4900	4898
Hambach	2100	2155
Deidesheim	2350	2744
Wachenheim	2750	2460

[5]) Statist· Mittheill. über Elsass-Lothringen XIV.
[6]) Kantone Wasselnheim, Oberehnheim, Barr; Kaisersberg. Aufschlager II, 386. 828. 847; 58; Cannabich 298.

die Rolle eines Reservekapitals, welches den vollständigen wirtschaftlichen Zusammenbruch in Weinfehljahren verhindert.

Damit ist der Höhepunkt der Wichtigkeit des Weinbaus erreicht. Das Tal der oberen Mosel bis Metz, und noch 10 km weiter der westliche Talhang zeigen im Kleinen die nämlichen Verhältnisse, liegen doch zwischen Pagny und Diedenhofen 48 qkm Weinberge[1]), von denen auf den oberen Teil bis und mit Metz und die linksseitige Fortsezung mindestens 30 kommen, bei einer Längenausdehnung des Tales von 20 und einer Breite von vielleicht 3 km. Und wenn im Rheingau man einzelne Gemeinden, wie z. B. Rüdesheim, für sich betrachten würde, so würde man auch hier finden, dass Alles auf Eine Karte gesezt ist. Den Rheingau als Ganzes genommen, fällt indessen für den Landbau doch noch mehr ab, als man vermuten könnte.

Nassauische Aemter	Acker	Wiese	Weide	Weinberge
Eltville	53	14	3	30
Rüdesheim . . .	50	12	16	22

auf 100 ha landw. benuzter Fläche[2]).

Denn man steht sich hier augenscheinlich besser, wenn man nur die besten Lagen für den Weinbau[3]) bestimmt.

Auch am Rhein und an der Mosel ist man vorsichtiger: man wird hier kaum Dörfer finden, auf deren Feldmark[4]) das Rebland die Ackerflur an Ausdehnung übertrifft. Freilich erleichtert die Natur selber diese Anordnung, indem sie die Schattenlagen ein für allemal vom Weinbau ausschliesst. Aber während der Pfälzer und der Elsässer wol ganz ebene Flächen mit Reben bestockt, findet man im Moseltal[5]) sogar südwärts geneigte Böschungen von Ackerland oder Wiesen eingenommen. Nicht überall in diesen Tälern ist übrigens der Weinbau gleich stark vertreten. Am Wichtigsten ist Derselbe wol im mittleren Teil des Moseldurchbruchstals (und, im Kleinen, in dem Moselbogen von Trier), nimmt flussabwärts an Ausdehnung ab (während der Obstbau hier sehr bedeutend wird), noch mehr gegen das Becken von Trier hin, beherrscht aber am Rhein, der geraderen Erstreckung des Tales entsprechend, bis zum Siebengebirge hinunter ein annähernd sich gleichbleibendes Areal. Die Bevölkerungsdichtigkeit schmiegt sich meistens der verhältnismässigen Ausdehnung der Weinberge an.

Zum Schlusse sei mir noch gestattet, auf einen kleinen „isolirten Staat" aufmerksam zu machen, dessen Dichtigkeitsziffer zeigt, bis zu

---

[1]) Wanderungen 38.
[2]) Vogel Tab. S. 440 f. Weiter im Osten, wo der eigentl. Rheingau aufhört (etwa in d. Mitte zw. Eltville u. Wiesbaden) überwiegt weit der Ackerbau (Vogel 528), um bei Hochheim noch einmal den Reben etwas grössere Flächen zu überlassen (Gemarkung Kostheim ⅕ Weinberge, nach Demian, Hessen II, 180).
[3]) Strenge obrigkeitl. Massregeln z. Schuze des guten Rufes der Rheingauweine schon unter Kurmainz. Büsching VI, 528. Später unter Nassau. Demian 33.
[4]) Vgl. die Topographie der Rhein- u. Moselkreise in Neumann II.
[5]) Vgl. üb. d. Mosel überhaupt Kohl, Der Rhein. 2 Bde. 1851. II, 81 ff.

welcher Höhe ein sehr starker Weinbau die Bevölkerung steigern kann. Die Insel Reichenau (430 ha)[1] nämlich, deren Areal in folgender Weise, auf 100 ha, unter die verschiedenen Kulturen[2] verteilt ist:

Ackerland Wiesen Weiden Weinberge
19 40 4 37

hatte 1818 1341 Einwohner, also 310 auf dem qkm, welche sich bis 1880 auf 342 erhoben.

---

5. Industrie. Derjenigen gewerblichen und kaufmännischen Tätigkeit, welche aus der Funktion der Talorte als Märkte für die Umgegend hervorgeht und so ihren Beitrag zu der grösseren Bevölkerungsdichtigkeit der Täler liefert, kann hier nur im Allgemeinen gedacht werden, da die Unterschiede von Tal zu Tal, wenn solche überhaupt vorkommen, nicht festzustellen sind. Es genüge, darauf aufmerksam zu machen, dass in der älteren Volkswirtschaft den lokalen städtischen Handwerken und Kramläden die Befriedigung eines grösseren Teiles des Gesammtbedarfs zufiel als heutzutage, im Zeitalter der Grossstädte und Industriegebiete. Entsprechend dem Umfang jener für die Umgegend geleisteten Geschäfte erhöht sich dann die Bevölkerung gegenüber den umliegenden Gebieten.

Unbedeutend dagegen, verglichen mit jenen lokalen Gewerben, ist in den meisten Tälern, wie auch an den Talrändern der Rheinebene die auf Absatz produzirende industrielle Tätigkeit und der Anteil derselben an der Volkszahl.

Eine Ausnahme machen in erster Linie die Vogesentäler. In diesen hat sich, die Wasserkräfte aufsuchend, ein Teil der grossartigen Baumwollindustrie von Mülhausen, welche 60.000 Menschen beschäftigt und jährlich für 40 Millionen Mark Waaren lieferte[3], niedergelassen, und nimmt fast alle verfügbaren Hände in Anspruch[4]. Besonders die 182. 181. 183] Täler von Markirch[5], der Thur[6] und der Doller[7]

---

[1]) Planimetrisch berechnet.
[2]) Hassel V, 84. — Neben d. Bodenbenuzung höchstens noch etwas Fischerei.
[3]) Aufschlager II, 157.
181] [4]) Im Tal der Thur (Ktn. St. Amarin, zu welchem ausser den Talorten nur einige kleinere Bergdörfer gehören: 12.577 E.) beschäftigte e. einzige Baumwollspinnerei u. -weberei (zu Wesserling) nach Aufschlager II, 166 2000, nach Cannabich 302 2500—3000 Menschen.
[5]) Nach Cannabich 299 1 grosse Siamoisenfabrik v. 1150 Arbeitern zu Markirch (1821: 8089 E.), nach Aufschlager II, 537 im ganzen Lebertal mehrere tausend Arbeiter besonders in Siamoisen beschäftigt.
[6]) Aufschlager II, 170. Die Industrie des Thurtales (Einwohner s. Anm. 4) zahlte jährlich 1 Mill. M. an Arbeitslöhnen! Aufschlager II, 50. Hier wurde (zu Wesserling) 1806 die erste Baumwollspinnmaschine im Oberelsass aufgestellt. Aufschlager II, 52.
[7]) Eine grosse Baumwollspinnerei u. -weberei (zu Masmünster) beschäftigte im Tal 1400 Arbeiter. Ausserdem noch kleinere Anstalten, u. eine bedeut. Eisenhüttenindustrie. Aufschlager II, 173 f.; Cannabich 802.

verdanken der vor einigen Jahrzehnten [1]) eingewanderten Baumwollspinnerei und -weberei die ausserordentliche Gedrängtheit
Im Dollertal wohnten auf etwa 25 qkm 7000 Menschen,
„ Thurtal (ohne Thann) auf 40—45 „ 12.600 „
und den Wohlstand [2]) ihrer Bevölkerung. Einen hervorragenden Anteil an der Baumwollindustrie haben auch die an der Mündung der Vogesentäler liegenden Städte, von denen einzelne, namentlich Thann [3]) und Gebweiler [4]), als Industriestädte zu bezeichnen sind.

Der rechtsrheinischen Bergstrasse fehlt dagegen jegliche bedeutendere [5]) industrielle Tätigkeit, oder sie ist, wie diejenige des Wiesentals, erst im Keime entwickelt (Lörrach 1818: 1900, 1880: 6700 E.).

Teils handwerksmässig betriebene [6]), teils Hausindustrie [7]) teils auch Montan- und Hüttenindustrie [8]) steigert die Bevölkerung besonders der rauheren Täler des weissen Jura, in denen die klimatischen Bedingungen des Wein- und des Obstbaus nicht mehr erfüllt sind: der Tal- 175. 176] einsenkungen von Spaichingen-Tuttlingen, von Balingen-Ebingen, 185. 177] der Täler von Urach, der oberen Fils, von Kocher und 178] Brenz [9]). Oder Unlust der Bevölkerung zu gewerblicher Arbeit veranlasst jene eigentümliche Erscheinung, dass zwei Drittteile der Erwerbsfähigen als Handelsleute die Welt durchziehen (Ehningen bei Reutlingen) [10]); oder endlich es sucht die beim Landbau entbehrliche, handwerksmässig geschulte männliche Einwohnerschaft im Sommer auswärtigen Verdienst (Tal der oberen Fils [11]). Teilweise drohende Symptome, wenn nicht bereits eingetretene Tatsache der Uebervölkerung.

Nicht ohne Bedeutung, wenngleich nur selten annähernd so viele Hände beschäftigend als der Landbau [12]), scheinen Handel, Schiffahrt und Fischerei [13]) für einige günstig gelegene [14]) oder durch historische

---

[1]) z. B. im Tal von Markirch 1755. Aufschlager II, 93.
[2]) Aufschlager II, 93.
[3]) Vgl. Aufschlager II, 168. Thann hatte 1821 4000 E.
[4]) Vgl. Aufschlager II, 131. Gebweiler hatte 1821 3700 E. — Ausserdem besonders Logelbach bei Kolmar u. Umgegend. Aufschlager II, 87.
[5]) Am Meisten noch in Lahr. Hassel V, 59; Demian 21. 1818: 4700 E. — Ferner zu Gernsbach an d. Murg e. umfangreicher, zunftmässig betriebener Holzhandel. Vgl. Kolb, Histor.-stat.-topograph. Lexikon d. GHths. Baden. 3 Bde. 1813—16. I, 374 f.; Demian 109; Hassel V, 46.
176. 175] [6]) Schuhmacherei in Balingen und Tuttlingen, Memminger 373. 361;
176] Strumpfweberei in Ebingen (258 Meister, 42 Gesellen), Memminger 358;
185] Leinwandweberei zu Urach, Memminger 569; Württ. Jahrbb. 1842, 246.
177] [7]) Im Tal der Fils (Holz- und Beindreherei). Memminger 187. 351. 648 f.
[8]) Sehr bedeutend im Kochertal (besonders Wasseralfingen). Württ. Jahrbb. 1821, 328; Memminger 338 f.
[9]) In Heidenheim Anfänge einer Baumwollindustrie. Memminger 349.
[10]) Memminger 572.
[11]) Memminger 649 f. Im OA. Geislingen waren 1832 (unter 24.400 E.) 307 Maurer mit 67 Gesellen, 192 Gipser m. 25 Ges., Württ. Jahrbb. 1832, 170 f.
[12]) In Niederlahnstein auf 1800 E. 50 (Demian, Nassau 187), in Vallendar auf 2400 E. 70 Schiffer (Hassel III, 496).
[13]) Fischerei auf Salme bes. zu Neuwied u. zu St. Goar. Meitzen II, 571.
[14]) Als solche wären etwa zu bezeichnen Andernach, Ober- und Niederlahnstein, Duisburg und Ruhrort.

Laune dazu erzogene [1]) Orte, namentlich im Rheintal zu sein, von denen sich aber Keiner durch stärkere Bevölkerung [2]) auszeichnet.

Es bleiben nun noch die Industrieen des Niederrheins. Im Gladbacher Bezirk hat auf der Basis einer alteingesessenen Leinwandweberei [3]) durch Einwanderung von Wuppertaler Kapital zur französischbergischen Zeit eine neue Industrie in Baumwolle [4]) sich zu entwickeln begonnen. Die ganze ländliche Bevölkerung des Bezirks — von städtischer kann noch kaum die Rede sein [5]) — ist in diesen Industrieen, zu welchen sich als dritte die Krefelder Seidenindustrie gesellt, beschäftigt: im Kreis Gladbach (1819: 40.700 E.) 1826—28 durchschnittlich 6000 Stühle und 10.000 Arbeiter in der Textilindustrie [6]); ihre Zahl lässt diejenige der benachbarten Ackerbaudistrikte bereits weit hinter sich: 1819 [7]) Kreis Gladbach 170, Grevenbroich 123, Erkelenz 108, Jülich 101.

Den Höhepunkt industrieller Tätigkeit aber im ganzen Rheinischen Deutschland bezeichnet das untere Herzogtum Berg mit einigen benachbarten Landstrichen [8]). In zweifacher Richtung bewegt sich diese Tätigkeit. Das Metallgewerbe, als das ältere [9]) und durchaus in ländlichen Bezirken [10]) betriebene, sei zuerst erwähnt. Die Centralsize desselben sind Solingen, für Klingen und Stahlwaaren, Remscheid (und die Enneper Strasse), für kleinere Eisenartikel, Iserlohn, für Messing- und Eisenwaaren. Von diesen Centralsizen aus wird die Produktion geleitet und der Vertrieb der Waaren [11]) besorgt, während die Herstellung nur teilweise, soweit nämlich die Benuzung von Wasserkräften wünschbar, lokal gebunden ist. Dass freilich von den vorhandenen Wasserkräften ausgiebiger Gebrauch gemacht wird, versteht sich von selbst und wird ausserdem durch die Tatsache erhärtet, dass an der Enneper Strasse etwa 100, um Remscheid gar 200 Hämmer und Schleifmühlen in Betrieb waren [12]). So wird eine weitgehende Mitwirkung der ländlichen, bzw.

---

[1]) z. B. St. Goar als hessische, Caub als pfälzische Rheinzollstätte.

[2]) Grösste Rheinstädte (von Koblenz u. s. w. natürlich abgesehen) Neuwied 4700, Duisburg 4600, im ob. Teil Boppard 3100 E., sämmtlich im J. 1819.

[3]) „Hollandische Leinwand". Büsching VI, 126. 314; Hassel III, 472.

[4]) Thun I, 157.

[5]) M.-Gladbach hatte 1819 1600 E.; Viersen, Rheydt u. s. w. sind in d. offiz. Bekanntmachung noch gar nicht als „Städte" erwähnt. Dagegen hatte nach dem Ortschaftsverzeichnis in Viebahn II 1815/16 Gladbach 1500, Rheydt 1600, Viersen („Stadt") 2800 E. Die Einwohnerzahlen waren dagegen für 1880: Rheydt 19.000, Viersen 21.000, M.-Gladbach 37.0001 — [6]) Thun I, 158.

[7]) Dagegen 1880: Kreis Gladbach 515, Grevenbroich 172, Erkelenz 133, Jülich 132. Mehr in der Nähe von Kreis Gladbach hält sich der gleichfalls industriereiche Kreis Kempen: 1819 118, 1880 229.

[8]) Besonders Teilen der Grafschaft Mark: Iserlohn, Hagen, Enneper Strasse, Ruhrtal.

[9]) Wenigstens das Solinger Geschäft. Vgl. Neumann II, 382. Remscheid vertreibt seine Waaren in's Ausland seit 1676. Viebahn I, 165.

[10]) Im Gegensaz zu d. Textilind. der schon damals bedeutenden Städte Elberfeld und Barmen.

[11]) z. B. in Iserlohn 60, in Remscheid 90 Handelshäuser. Hassel III, 437. 469.

[12]) Hassel III, 435. 469. Zu neuen Anlagen ist deshalb kaum noch Gefälle vorhanden.

kleinstädtischen [1]) Bevölkerung — das Solinger Geschäft ernährte z. B. 1792 18.000 Menschen [2]) — und eine Dichtigkeit

Kreise	1819	1880	Bevölkerung 1819
Lennep . . .	147	311	44.639
Mettmann . .	151	253	37.699
Solingen . . .	151	365	44.512

des Wohnens ermöglicht, welche die natürliche, der Kargheit des Bodens und der Verteilung der Kulturen entsprechende (Kreis Wipperfürth, obgleich mit bedeutender Osemundhammerindustrie [3]), 67!) weit übersteigt. — Was nämlich in der Metallindustrie nicht unterkommen kann, das findet im Textilgewerbe Beschäftigung. Die Wuppertaler Textilindustrie, ursprünglich Garnbleicherei [4]), später auf Seide, Baumwolle, Färberei und Anderes ausgedehnt [5]), hat sich nicht nur die Bewohner der Schwesterstädte [6]) Elberfeld und Barmen, sondern, in weitem Umkreise, auch die Bevölkerung der Umgegend dienstbar gemacht: 1809 waren nach Thun [7]) insgesammt 35.000, um 1830 nach Viebahn [8]) allein ausserhalb der Doppelstadt 30.000 Menschen im Textilgewerbe beschäftigt. Welchen Anteil an der grossen Dichtigkeit der Kreise Mettmann, Solingen, Lennep nun die Eisenindustrie, welchen die Textilindustrie hat, welcher schliesslich auf der Bodenbenuzung beruht, das muss, bei der Unsicherheit und Dürftigkeit der verfügbaren Zahlen [9]) leider unerörtert bleiben.

---

[1]) Der grösste Ort in den 3 Kreisen Mettmann, Solingen, Lennep ist, nach Viebahn II (1815/16) Lennep, m. 3500 E.; es folgt Solingen m. 3100 u. s. w. Die Wohnorte sind hier scharf v. d. Gemeinden zu trennen! — Solche Konzentration ist jedoch nur Ausnahme, die Regel ist das Zusammenleben in Häusergruppen, die keine politische Gemeinde bilden. Im Kreis Solingen zählt Restorff, im topogr. Teil, 758 Wohnpläze, so dass auf Einen 66 E. fallen.
[2]) Viebahn I, 162. Nach Hassel III, 56 waren 18.000 M. darin beschäftigt. Viebahn ist ohne Zweifel besser berichtet.
[3]) S. oben S. 65.
[4]) Vgl. Büsching VI, 136 ff. — 1690: 15, 1790: 150 Garnbleichen. Viebahn I, 179.
[5]) Seide 1775, Türkischrotfärberei 1785. Viebahn I, 179.
[6]) Elberfeld hatte 1819 16.000, Barmen 19.000 E. Nach einer Angabe von Viebahn I, 179 waren in Elberfeld 82, in Barmen 83 % aller Familien in der Industrie beschäftigt! — [7]) II, 261. — [8]) I, 179.
[9]) Wenn auch die Zahlen an und für sich richtig sein sollten, so bleibt doch immer noch zweifelhaft, wo nun diese 18.000 (Solinger Industrie) oder 30.000 Menschen zu suchen sind, ferner ob und in welchem Grade die industrielle Beschäftigung nur Nebenbeschäftigung ist. — 1888 waren Berufstätige (mit und ohne Nebengewerbe, mit Personal und Angehörigen) in den Gruppen B 3 und B 5 der Berufszählung: Metallverarbeitung bzw. Textilgewerbe:

Kreise	Metall	Textil
Solingen	88.135	10.572
Lennep	24.284	20.462
Mettmann	12.235	16.856